LUCIANO LIMA

INTELLIGENZA EMOTIVA

L'urgenza dell'educazione emozionale nella scuola

Intelligenza emotiva
di Luciano Lima
prima edizione: ottobre 2020
© 2020, Santelli editore
ISBN 978-88-31255-83-7

GESA
Gruppo Editoriale SANTELLI

Santelli editore
Viale Giacomo Mancini 236,
87100 Cosenza
0984.406939
info@santellieditore.it
www.santellieditore.it

IL SISTEMA LIMBICO

ALCUNE STRUTTURE IMPLICATE

TALAMO

IPOTALAMO

IPPOCAMPO

AMIGDALA

CORTECCIA CINGOLATA

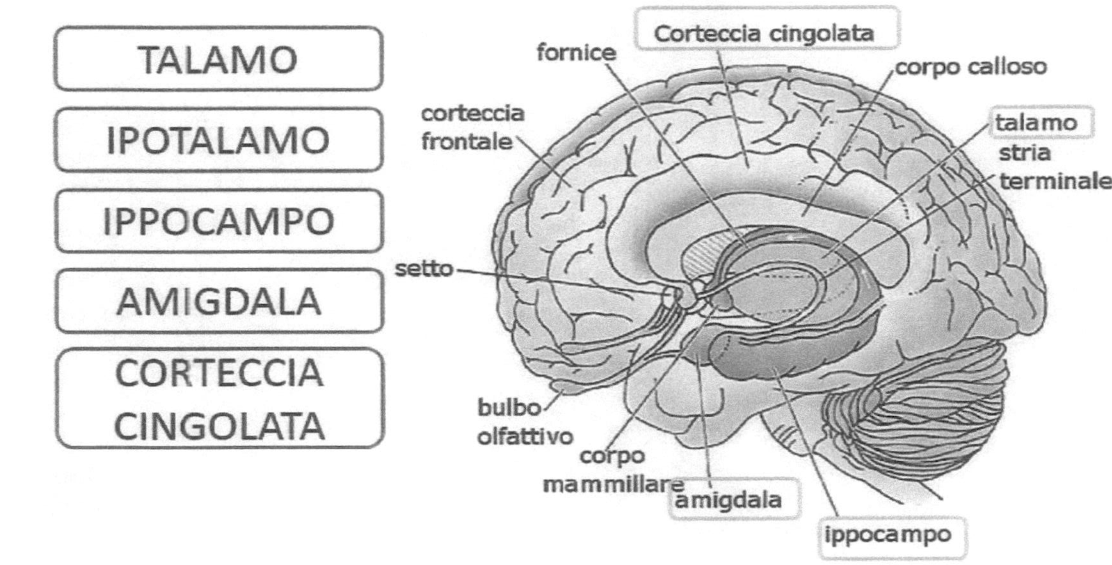

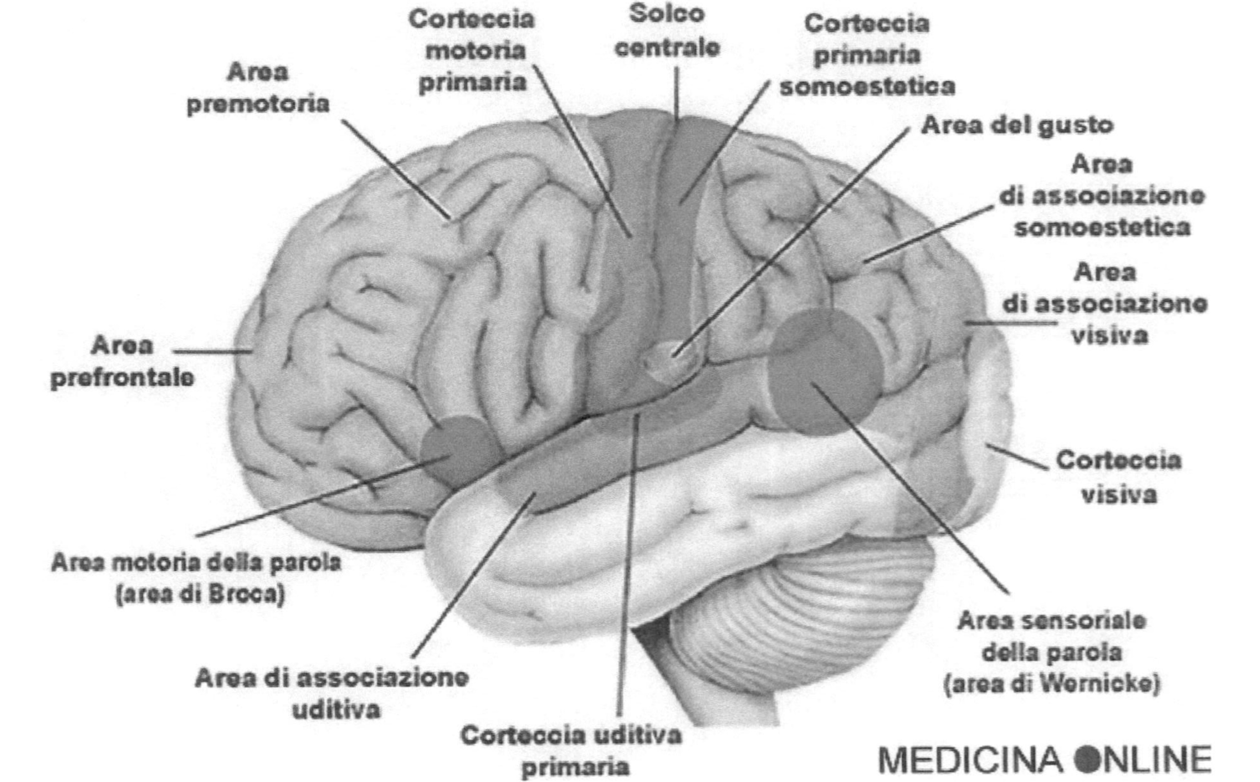

Area premotoria
Corteccia motoria primaria
Solco centrale
Corteccia primaria somoestetica
Area del gusto
Area di associazione somoestetica
Area di associazione visiva
Corteccia visiva
Area prefrontale
Area motoria della parola (area di Broca)
Area di associazione uditiva
Corteccia uditiva primaria
Area sensoriale della parola (area di Wernicke)
MEDICINA ONLINE

Introduzione

A) L'educazione emozionale ovvero la cenerentola della scuola

L'essenza dell'azione educativa

Il tema generale della presente trattazione è l'educazione emozionale tema questo non separabile dal problema generale dell'educazione integrale della personalità.

Nel corso di questa trattazione si sottolineerà la necessità e l'urgenza di affrontare la problematica delle emozioni perché queste decidono, quasi sempre, l'esito positivo o negativo dell'intero percorso educativo.

Filosofi e pedagogisti hanno cercato di definire l'essenza dell'azione educativa.

Secondo Kerschensteiner l'azione educativa si prefigge di aiutare i giovani ad organizzare una propria *"sintesi originale irripetibile di valori culturali all'interno della propria coscienza conformemente alla personale individualità"*.

Il filosofo tedesco E. Kant *"vede il fine dell'educazione nello sviluppo della perfezione di cui l'uomo è capace"*; altri pensatori danno definizioni diverse e subordinano il processo educativo agli obiettivi e ai valori di alcune ideologie che pongono il primato nello Stato e nella Società e non nella libertà e nella autorealizzazione degli individui singoli.

Ci sono altre concezioni pedagogiche che antepongono valori e obiettivi teologici rispetto al primato della persona umana la quale trarrebbe valore solo dall'osservanza di precetti ideologici e religiosi.

È pacifico comunque che ogni azione educativa sarà fortemente condizionata ed orientata in base ai valori fondanti.

Si deve dunque sapere in partenza se il primato valoriale è nella Persona in sé con la sua libertà o nello Stato o nelle Concezioni teologiche e ideologiche per le quali gli individui si devono conformare a modelli educativi già confezionati imposti dal corpus dottrinario teologico o ideologico.

Nelle società democratiche l'azione educativa non dovrà essere indottrinamento e adeguamento comportamentale a modelli già costituiti, legittimati dalla sacralità teologica o dall'autorità ideologica.

Diverrà piuttosto azione maieutica, come direbbe il filosofo Socrate, nel rispetto delle attitudini, delle vocazioni individuali, delle finalità di autorealizzazione.

Questa azione educativa maieutica intenzionalmente offerta dalle istituzioni sociali deve tener conto del concetto di "Natura Umana".

La natura umana non è esclusivamente biologica né totalmente sociale pertanto si dovrà rispettare quel "quid" di misterioso, imprevedibile che si nasconde in ogni essere umano e lo rende unico. Scrive il filosofo di scuola idealistica Renè Hubert: *"Ma l'essere vivente e, a più forte ragione, l'essere cosciente e ragionevole, non si esaurisce interamente nella natura data, non consiste soltanto in ciò che è stato, ma anche in ciò che aspira ad essere. Potremmo dire che esiste in lui la seconda natura interamente soggettiva, pratica e ideale, tutta forma e fine che egli deve cercare di realizzare. Questa essenza profonda, questa intima verità dell'essere può venire rivelata non dalle scienze ma dalla riflessione interna di una coscienza destinata a conoscere e a volere se stessa "*.

L'azione educativa sarà dunque una complessa e delicata attività per promuovere sia il bene della società sia quello del singolo individuo.

Ogni protagonista dell'azione educativa è consapevole che due nature connotano l'essere umano cioè la natura biologica studiata dalle scienze esatte, e la natura spirituale che non soggiace al metodo dell'indagine scientifica ma esige quello che alcuni filosofi definiscono *"lo spirito di finezza"*. Con questa sensibilità e con questa intuizione raffinata dovremmo entrare nel mondo misterioso dello Spirito individuale dove libertà, consapevolezza, volontà sono i motori dello sviluppo e dei processi culturali di ogni uomo.

B) La maturazione del carattere come obiettivo del processo educativo.

Grazie alla particolare natura dell'uomo potremmo dire che ogni individuo sviluppa la sua peculiare personalità su tre piani dell'esistenza cioè quella organica, quella sociale e quella spirituale.

In ogni individuo esiste un patrimonio genetico di istanze e tensioni grazie alle quali il singolo soggetto agisce e interagisce sia con l'ambiente fisico sia con quello sociale e culturale sia con quello spirituale.

Nel corso del lungo processo formativo si costruiscono le forme e i modi di essere e di progettarsi di ognuno.

Si costruisce in definitiva quella forma e modo di essere che si chiama carattere e che pur tenendo conto del temperamento innato è disponibile ai cambiamenti futuri.

Il filosofo Renè Hubert offre la seguente definizione: *"Il carattere è la forma concreta che l'essere cosciente si dà. Il carattere è per un aspetto definito e limitato nella sua struttura in quanto l'individuo attinge dalla natura fisica e sociale gli elementi grazie ai quali realizza se stesso, ma per altro aspetto è anche aperto indefinitivamente verso l'attuazione di tutte le possibilità che egli reca in sé. È il punto di intersezione tra necessità e libertà".*

Il processo educativo (favorito dalle istituzioni sociali) consisterà nella costruzione del peculiare Carattere di ogni giovane.

È opportuno tentare l'approfondimento del tema per comprendere meglio i fattori del processo di formazione del carattere.

Il carattere di una persona è il risultato di un processo di costruzione dell'individuo grazie ai:

- Fattori genetici del temperamento;
- Ai fattori ambientali fisici e culturali;
- Alle capacità volitive, valutative e valoriali dell'individuo;
- Alle opportunità offerte dal contesto socio-culturale e politico.

Sarà sempre la centralità volitiva e valutativa del Soggetto a determinare il percorso di costruzione del carattere se impedimenti genetici, traumi affettivi e fisici non ostacoleranno il difficile processo che dovrà effettuare ogni individuo.

In termini filosofici e più tecnici scrive Hubert nel suo trattato delle Scienze dell'Educazione: *"Il carattere si esprime essenzialmente in termini affettivi (...) Nessun uomo si risolve interamente nelle proprie conoscenze che costituiscono la parte di sé rivolto all'oggetto né si risolve interamente nella conoscenza di se stesso quando il se stesso sia considerato oggetto e venga conservato a questa conoscenza di sé un significato puramente teoretico. Le tendenze, le attitudini intellettuali di ogni uomo subiscono invece il più profondo impulso dalla sua essenza costitutiva proprio perché esse sono in effetti dominate dalla affettività ed una definizione o una classificazione dei caratteri deve tenerne preliminarmente conto".*

Si evidenzia come l'affettività eserciti l'influenza determinante se non il totale potere sull'intera sfera della personalità in tutte le sue manifestazioni pratiche, intellettuali, spirituali.

Per quanto riguarda la sfera pratica e la condotta, Hubert chiarisce: *"Nessun essere si realizza interamente nelle norme di azione morale che si impone in quanto queste norme sono tali non perché esprimono la natura ma perché ad essa si impongono; ciò che caratterizza l'individuo non è quindi il modo con cui egli si rappresenta le norme e neppure il modo con cui compie le azioni da esse richieste, bensì la risonanza profonda che questo compimento esercita su di lui.*

Anzi allo stesso modo delle tendenze e degli atteggiamenti intellettuali, codeste norme non sono veramente efficaci se non quando si integrano così fortemente con la personalità da prendere la forma, il valore e l'energia dei sentimenti. L'ordine ideale viene allora a prospettarsi in accordo con le aspirazioni dell'individuo e quindi come oggetto di amore (...) Infine ogni uomo è veramente se stesso, non in questo o quel sentimento particolare ma soltanto nell' insieme e nell'evolversi di tutte le disposizioni affettive con cui si manifesta, di tutti gli interiori atteggiamenti che assume nei confronti delle cose, degli altri esseri, di se stesso e dell'esistenza in generale".

Questa sintesi affettiva in base alla quale il soggetto si rappresenta la realtà e la interpreta secondo le sue peculiarità cognitive, affettive e pratiche esprime proprio il carattere di ogni singolo individuo.

C) Conseguenze pedagogiche

La conseguenza pedagogica di questa concezione dell'essenza della natura umana quasi dominata dell'area emotivo-affettiva della personalità è un convinto appello alle Istituzioni Educative perché si facciano carico di educare e promuovere tutti gli aspetti della persona umana senza privilegiare l'aspetto intellettivo sottovalutando il complesso mondo della emotività e degli affetti.

Le ricerche le sperimentazioni delle neuroscienze hanno dimostrato quanto sia determinante il ruolo che esercita il mondo affettivo ed emotivo su ogni aspetto della realtà umana.

Ci si chiede allora con stupore come mai i progetti educativi e le programmazioni curriculari abbiano dato poco spazio agli obiettivi educativi relativi alla sfera emotiva affettiva della personalità. Ancora una volta è illuminante la spiegazione fornitaci dal filosofo Renè Hubert: *"La società (...) non attribuisce la stessa importanza ad ogni forma o ad ogni grado della sintesi; più che alla intimità della struttura si interessa alle manifestazioni della personalità e per questo nella costituzione del carattere attribuisce maggior pregio all'acquisizione di qualità intellettuali, pratiche e morali che non alla formazione della superiore affettività".*

È il momento di riesaminare il concetto di «sapere» di cui a lungo ha discusso filosoficamente Socrate. Il nostro filosofo Paolo Lamanna così scrive: *"Occorre un sapere sovrastante ad ogni tecnica: occorre un sapere morale, per il quale ognuno, qualunque mestiere faccia, realizzi in esso la sua umanità, sia presente a se stesso come uomo, badi all'esame interiore di quel che egli è e deve essere. Così l'individuo rientra in se stesso, si sottrae alla schiavitù degli impulsi e delle passioni, diventa padrone di sé".*

Di tutto questo si parlerà nelle pagine successive a proposito della Intelligenza Emozionale.

È veramente urgente che la scuola si impegni con progetti curriculari mirati ad agire per l›educazione emotivo-affettiva riprendendo in esame alcuni valori quali la cultura estetica, l›educazione dei sentimenti dell›amore, l›alta cultura religiosa.

Ancora una volta ci viene in aiuto il Trattato delle Scienze Umane de René Hubert: *"Con l'educazione dell'affettività si attingono le forme della sintesi coscienziale totale, cioè il modo con cui non soltanto la Coscienza si conosce nel proprio sforzo di interpretazione del reale, non soltanto si vuole nel suo adattamento all'esistenza sociale ma altresì si possiede e gioisce di se stessa senza alcunché di egoistico, né di chiuso giacché la gioia le viene dal fatto che l'essere ha moltiplicato i propri rapporti con le cose con gli altri esseri".*

La sintesi affettiva della Coscienza secondo Hubert è l'insieme delle seguenti attitudini:

* Attitudine a percepire la bellezza ponendosi di fronte all'og-

getto;

- Attitudine a sentire l'amore quando si trovi di fronte al soggetto umano e al mondo;

- Attitudine alla pietà di fronte alla totalità della esistenza.

- Bellezza, Amore, Pietà sono i tre aspetti della sintesi affettiva che ogni individuo dovrebbe maturare per la sua piena realizzazione.

Questi tre aspetti della vita affettiva dovranno essere gli obiettivi educativi che ogni insegnante dovrebbe collocare nella stesura della propria programmazione didattica.

Educare alla bellezza, all'amore o al mistero dell'universo provando la pietà per tutti gli esseri del creato.

PARTE PRIMA

Urgenza della educazione emozionale nella scuola

Ormai da alcuni anni si presta una maggiore attenzione, nella stesura della Programmazione curricolare, all'indicazione tassonomica della sfera Emotivo-affettiva della personalità.

Sul piano teorico gli operatori scolastici hanno raggiunto una notevole consapevolezza che i processi di apprendimento e l'assimilazione dei contenuti delle materie di studio sono fortemente condizionati dalla sfera emotivo-affettiva di ogni studente ed anche dalle qualità delle relazioni interpersonali tra il docente e lo studente e financo dalle atmosfere emotive che si respirano nell'istituto scolastico.

Nonostante tutto ciò non sono pochi i docenti che ritengono che la scuola debba occuparsi interamente delle conoscenze e dei metodi di studio per educare prevalentemente la sfera della Razionalità lasciando alla famiglia e ad altre istituzioni sociali la sfera emotivo-affettiva anche per non invadere il mondo privato dei ragazzi e non turbare il loro pudore e gelosie varie.

Di solito la scuola si occupa della sfera emotivo-affettiva quando i ragazzi presentano difficoltà di apprendimento e di inserimento sociale. Si ritiene anzi doveroso intervenire solamente a tutela dell'interesse della collettività che trae nocumento dai disordini dello equilibrio scolastico.

La difficoltà che la scuola incontra è in parte favorita dagli stessi ragazzi che vedono con diffidenza l'intervento dei docenti negli ambiti emotivo-affettivi. Occorre ricordare che i ragazzi hanno l'orgoglio della propria famiglia che vogliono proteggere da eventuali sguardi indiscreti. Altro fattore di difficoltà è l'esplosione delle problematiche sessuali dell'adolescenza che esigono riservatezza e spingono il giovane alla diffidenza.

Tutte queste difficoltà reali tuttavia non dovranno impedire alla istituzione scolastica di affrontare le problematiche della sfera emotivo-affettiva degli alunni usando però tutte le cautele con lo scopo primario di aiutare i giovani a potenziare l'intelligenza emozionale cioè la capacità di saper capire il proprio mondo emotivo migliorando l'autocontrollo per non soggiacere alla violenza del sequestro emozionale, cioè il dominio violento della sfera emotiva sulla sfera razionale della personalità.

Dinamiche e condizionamenti sulla formazione del carattere

L'obiettivo finale della conquista della Intelligenza emozionale richiede che i protagonisti del processo educativo (gli insegnanti, gli alunni, le agenzie sociali interessate ai processi formativi dei giovani) conoscano le dinamiche psicologiche, i processi neuronali e i fattori sul condizionamento educativo che giocano in modo decisivo sulla formazione del carattere dei giovani e dunque sul loro comportamento.

Grande contributo alla conoscenza dei fattori e delle dinamiche che decidono la formazione del carattere, del comportamento e delle diverse manifestazioni della sfera emotivo-affettiva della personalità ci viene fornito dalle ricerche e dall'esperienza clinica dello psichiatra americano Maslow il quale fu sollecitato dall'esame dei problemi dei suoi pazienti con patologie mentali e comportamentali. Esperienze e studi conducono Maslow alla formulazione della teoria della "Motivazione" come motore della formazione della personalità umana.

La ricerca sulla "Motivazione" conduce Maslow alla individuazione dei veri fattori che decidono sulla struttura della personalità umana sia nella fase evolutiva sia in quella adulta.

Di questo si dovrà parlare in seguito.

Si vedrà in quella sede come i motori dello sviluppo e dell'equilibrio comportamentale risiedano nei Bisogni Fondamentali che interagiscono con un Centro Volitivo e Cosciente che chiamiamo "Soggetto o Io" come polo dialettico rispetto all'altra polarità sede delle pulsioni e bisogni di natura genetica con diverso grado di istintualità.

Si vedrà infine come la dinamica frustrazione-gratificazione metta in movimento tutto il ventaglio delle emozioni e sentimenti che colorano l'esistenza quotidiana decidendo il comportamento in rapporto dialettico con l'Io cosciente e volitivo.

A tutti è nota la forza delle Emozioni e dei Sentimenti (basti citare il detto popolare - All'amor non si comanda) che molto spesso decidono le scelte ed il comportamento.

Spesso emozioni e sentimenti travolgono la volontà razionale e talvolta conducono a comportamenti violenti e distruttivi tanto da indurre a credere che la sfera educativa sia impotente a modificare il comportamento deciso a priori nel patrimonio genetico.

Se questo fosse vero sarebbe proprio inutile parlare della Intelligenza Emotiva.

Il sentimento di sfiducia e di impotenza pedagogica potrebbe essere rinforzato dalla lettura di tanti fatti di cronaca violenta dei quali spesso sono protagonisti i ragazzi adolescenti.

Daniel Goleman ritiene invece che la diffusione e l'incremento della violenza e dei crimini devono indurre tutti i responsabili dei processi educativi a rendersi maggiormente sensibili agli interventi per far maturare l'intelligenza emozionale. Gli Studi sulle neuroscienze e gli esperimenti di laboratorio hanno dimostrato che il mondo emozionale non ha dinamiche di ineluttabilità e di totale istintualità genetica.

Esiste invece un interscambio virtuoso tra le aree prefrontali della corteccia cerebrale e il sistema limbico ed in particolare la parte cerebrale chiamata Amigdala dalla quale parte la gran parte degli impulsi emotivi e questo significa che si può controllare l'Emotività in una qualche misura educando l'Io volitivo della corteccia cerebrale.

Goleman constata che nella società americana i fenomeni di violenza, di intolleranza e di criminalità minorile negli ultimi tempi, si sono moltiplicati minacciando il tessuto sociale e l'equilibrio complessivo.

Nel suo lavoro riporta stralci di articoli di cronaca ed in particolare il seguente: *"Un giovane tedesco è accusato dell'omicidio di cinque donne e bambine turche morte in un incendio da lui appiccato mentre le vittime stavano dormendo. Membro di un gruppo neonazista il giovane ha raccontato che beveva, non riusciva a tenersi un posto di lavoro e riteneva che gli stranieri fossero i veri colpevoli della sua cattiva sorte (...)"*

Goleman è consapevole che la responsabilità di questi fenomeni e gli eventuali rimedi non sono esclusivamente individuali chiamando in causa altri fattori sociali quali il degrado morale, le solitudini, le nevrosi, le depressioni le paure dei giovani.

La complessità dei problemi non deve indurre al pessimismo e all'impotenza coloro che nelle istituzioni educative come la scuola si dedicano alla formazione culturale e morale dei giovani.

Goleman ritiene che favorendo, fin da giovanissimi, l'esercizio dell'intelligenza emotiva si possa in qualche misura rendere la patologia emotiva meno virulenta.

In estrema sintesi l'educazione della Intelligenza emotiva significa sviluppare "la capacità di tenere a freno un impulso, di leggere i sentimenti più intimi di un'altra persona, di gestire senza scosse le relazioni con gli altri". Ovviamente queste capacità indicate da Goleman sono obiettivi educativi da far maturare progressivamente nel corso delle diverse fasi educative mediante le programmazioni curricolari più efficaci.

Questi obiettivi educativi non hanno ricadute solo sulla vita scolastica giacché la carenza di Intelligenza emozionale è responsabile di tanti comportamenti nella vita reale: in presenza di tale carenza aumentano i rischi della depressione, della vita violenta, dei disturbi del comportamento alimentare dell'abuso di droghe.

Goleman, peccando forse di eccessivo ottimismo, ritiene che la scuola possa fare moltissimo. Scrive infatti: "Prevedo un giorno nel quale sarà compito normale dell'educazione quella di inculcare comportamenti umani essenziali come la autoconsapevolezza, l'autocontrollo e l'empatia e anche l'arte di ascoltare, di risolvere i conflitti e di cooperare".

In un successivo esame si potrà approfondire lo studio e le ricerche di Goleman a proposito di meccanismi neurali e dei circuiti tra le diverse aree del cervello.

Il motore
del comportamento umano

Ai fini della comprensione della genesi delle emozioni e stati d'animo occorre recuperare i contributi di studio e le esperienze cliniche dello psichiatra Maslow il quale si prefiggeva il compito di capire il motore del comportamento umano nelle sue molteplici manifestazioni cioè, per usare un termine più pertinente, la Motivazione dell'azione umana.

Formulò dunque la teoria dei Bisogni fondamentali che traggono la loro radice nel patrimonio genetico ereditario.

Come si vedrà non tutti i bisogni hanno una stessa intensità e istintività genetica.

Maslow chiarisce che l'impulso che deriva dal bisogno fondamentale potrebbe essere soddisfatto o ignorato ma la risposta positiva o il rifiuto lasceranno dei segni presenti e futuri per il comportamento ed anche per la salute fisica e mentale.

La gratificazione o la frustrazione dei bisogni producono emozioni e sentimenti.

Da dove provengono i bisogni fondamentali?

Dalla natura stessa della vita, dal suo fondale biologico, psicologico e spirituale che costituisce l'essenza e la vera natura dell'uomo.

I bisogni fondamentali nella loro diversificazione e molteplicità di forme sono le voci e le domande più o meno manifeste e potenti che vengono trasmesse all'Io dal nostro complesso patrimonio genetico sia per conservare l'individuo e la specie sia per sviluppare il mondo culturale perché l'uomo non viva esclusivamente secondo la natura biologica "ma per seguir virtute e conoscenza" direbbe il poeta.

Questo destino che è anche un dovere di impegno, secondo Maslow è scritto geneticamente ab-aeterno ma si realizzerà solo con la consapevolezza e la volontà dell'uomo che potranno far maturare le attitudini e le vocazioni rendendo reali le voci fievoli delle istanze culturali e spirituali.

Questo spazio non occupato dalla istintualità della natura è quello della libertà dello Spirito e dell'Io volitivo e cosciente: è insomma lo spazio sul quale è possibile edificare la personalità ed il carattere.

Su questo spazio di libertà e di educabilità si può e si deve lavorare per far maturare l'Intelligenza emozionale che permette di controllare razionalmente le emozioni.

La scuola deve intervenire efficacemente non solamente per preparare i giovani alla vita lavorativa e sociale ma per aiutare a costruire il loro carattere e la personalità in tutte le sue forme e dimensioni affinché i giovani manifestino al meglio il potenziale di vocazioni e attitudini di cui sono portatori.

La scuola non può fermarsi all'istruzione, a fornire conoscenze e metodi di studio ma deve favorire la maturazione della volontà, dei valori alti della Cultura dell'Etica e dello Spirito. Con espressione sintetica potremmo dire che gli ideali del Buono, del Vero, del Bello, del Sacro dovrebbero essere il polo magnetico dell'ago della formazione dell'uomo e del cittadino.

Gli ideali universali costituiscono l'utopia necessaria per sollecitare le energie di ogni studente; tali ideali sono la sfida che viene lanciata alla libertà dell'uomo invitandolo a ribellarsi alle pigrizie ed alle passioni che potrebbero affievolire gli slanci verso le più alte vette della Cultura e dello Spirito.

Questa sfida può essere vista come lo scontro dialettico tra la Natura e la Cultura sapendo tuttavia che il trionfo della Cultura esige anche il coinvolgimento degli affetti piegando dunque le cariche emotive al servizio dello Spirito Umano. In nessun modo potremmo parlare dell'uomo se non chiarendo il mondo Emotivo-affettivo.

Emozioni e sentimenti sono le risposte di gratificazione e di frustrazione che si accompagnano alle domande dei bisogni fondamentali. Alcune di queste domande sono forti e impellenti quali quelle che provengono dai bisogni fisiologici vitali (mangiare, dormire ecc.) altre domande sono più deboli ed esigono un intervento più volitivo da parte dell'io cosciente quali le domande estetiche o spirituali e culturali.

Come si vedrà in seguito Maslow formula una scala gerarchica dei Bisogni Fondamentali precisando che i bisogni più elevati diventano più urgenti quando vengono soddisfatti i bisogni primari (Non si fa filosofia a stomaco vuoto!)

Lo sviluppo e la formazione della personalità di ogni individuo dipendono dal soddisfacimento e dalle modalità del soddisfacimento di alcuni o di tutti questi bisogni fondamentali. La crescita e la formazione equilibrata e volitiva dell'IO cosciente sono la risultante dell'incontro dialettico tra il mondo dei bisogni e la maturazione dell'IO cosciente situato nella neocorteccia celebrale.

La scala gerarchica è la seguente:
1. bisogni materiali fisiologici (mangiare, dormire, ecc)
2. bisogni di amore e calore umano
3. bisogni di sicurezza
4. bisogni di protezione
5. bisogni di autostima e accettazione di sé
6. bisogni di stima sociale e di partecipazione alla vita della

comunità

7. bisogni di conoscenza e comprensione razionale della propria natura e della realtà

8. bisogno di cercare un senso alla esistenza percorrendo i sentieri dell'Estetica, dell'Etica, della Filosofia

9. bisogni di avere la visione del Tutto, dell'Universo con l'aspirazione a cogliere il mistero della Creazione e del Creatore.

Tutti questi bisogni sono presenti nel patrimonio genetico di ogni individuo ma le loro voci hanno intensità diversificate: molti fattori concorreranno al loro risveglio, appagamento e realizzazioni.

Usando una terminologia meno analitica e più filosofica René Hubert parla di tre grandi fattori che concorrono allo sviluppo della Personalità dell'uomo e cioè il Temperamento (patrimonio genetico), la Società con tutti i suoi condizionamenti positivi e negativi, le Istanze spirituali del Soggetto come centro cosciente volitivo.

Con una valida intuizione filosofica confermata dalle successive ricerche delle neuroscienze R. Hubert scrive "Il campo delle tendenze innate è il terreno della Necessità così come il campo delle esigenze spirituali è quello della Libertà. La vita dell'uomo si svolge fra questi due punti estremi: crearsi una personalità individuale significa vincere incessantemente la Necessità a profitto della Libertà".

La lettura forzatamente idealistica dell'affermazione conclusiva del filosofo Hubert potrebbe condurre ad una interpretazione moralistica mettendo in campo il Bene dato dall'Io ideale contro il Male dato dalla Necessità talvolta cieca della Natura.

Lo studio dei bisogni fondamentali che chiarisce il mondo delle emozioni come risposta alla gratificazione o frustrazione dei bisogni stessi ci costringe a non demonizzare il mondo delle necessità espresse dal fondale biologico della Natura Umana.

Gli studi delle psicoanalisi ci convincono che la repressione e la demonizzazione di tutto il fondale della Psiche chiamato ID con tutto il mondo dei bisogni di amore, di affetto ed anche di sesso ci conducono spesso alla patologia del comportamento.

PARTE SECONDA

La complessità dell'Educazione per la formazione del comportamento umano

Il progetto educativo dell'uomo finalizzato alla maturazione della personalità dovrà chiarire in primo luogo i fini verso cui tendere per orientare tutti gli interventi consapevoli.

Il soggetto da educare quando si presenta all'attenzione dell'istituzione scolastica ha già ricevuto dai vari ambienti di vita modelli da imitare, valori-guida cui ispirarsi per conformarsi alla cultura dominante in quell'ambiente, esempi e modi di vita approvati o disapprovati dalla collettività.

All'istituzione scolastica devono essere bene chiariti i fini e gli obiettivi dell'educazione dei giovani.

Dal punto di vista strettamente sociologico potremmo dire che la scuola ha il compito di preparare l'ottimo cittadino, come l'ottimo lavoratore e l'ottimo padre di famiglia.

La visione strettamente sociologistica può essere fuorviante perché subordinerebbe la formazione della personalità agli obiettivi estrinseci della società ed in questo caso l'educazione sarebbe addestramento e conformismo al quadro sociale dominante in quel momento.

Pedagogisti e filosofi di scuola idealistica e democratica ci ricordano che nel processo educativo entrano in gioco in maniera prevalente la società con i suoi valori, le sue politiche, gli obiettivi culturali ed economici, estetici e religiosi ma queste istanze della società dovranno armonizzarsi con altri fattori che esigono rispetto ed hanno un elevato potenziale di condizionamento sul carattere e sul comportamento del soggetto.

Sono le istanze del temperamento di ogni ragazzo che ha avuto in eredità risorse e pulsioni che appartengono al suo patrimonio genetico.

Queste istanze ovviamente appartengono all'area della Necessità decisa dalla Natura. Accanto a queste esistono le istanze della libertà dello spirito cioè quell'Io volitivo cosciente che è il referente, il controllore e l'attore del cambiamento e forse il protagonista principale del comportamento se la maturazione del carattere giunge ad una notevole fase di sviluppo.

Il temperamento lo troviamo già formato ed impellente, il carattere lo dobbiamo strutturare con la forza dell'Io e dello Spirito libero agendo costantemente nel contesto di una società della quale non potremo mai fare a meno perché i nostri bisogni in gran parte vengono soddisfatti nell'orizzonte della società.

Il vero fine dell'educazione è la maturazione della capacità di agire liberamente in armonia con la società che è la palestra per la nostra formazione e autorealizzazione.

Anche Maslow sottolinea ripetutamente che obiettivo dell'educazione è l'autorealizzazione della nostra Natura Umana potendo spendere tutti i talenti avuti in eredità utilizzando le opportunità espressive della creatività di cui tutti noi siamo portatori.

L'obiettivo dell'educazione è ben chiaro ma non è così semplice e scontato realizzarlo: il soggetto educando dovrà sempre navigare, con il suo Io cosciente e volitivo, in un contesto familiare, controllare e interagire con il suo mondo interiore e le pulsioni emotive; capire e armonizzarsi con la società sapendo cogliere le opportunità che potrebbero essere offerte per lo sviluppo e l'affermazione della sua personalità. Dovrà infine curare la sua dimensione fisica sapendo che la salute fisica dipende anche dalle sue abitudini alimentari e comportamentali. Potremmo, a questo punto, concludere dicendo che il focus della problematica educativa sta nella cura e nella maturazione dell'Io cosciente e volitivo che dovrà costruire se stesso tra le seduzioni ed i condizionamenti che vengono dal suo vissuto familiare, dalla complessità della società e dalle sue stesse pulsioni interne.

L'Io cosciente e volitivo è il pilota, è l'artefice della costruzione della personalità: "Homo faber fortunae suae" con la consapevolezza che l'ambiente culturale fisico e affettivo ha una forza di condizionamento eccezionale!

Il centro del processo educativo è il Soggetto cosciente: educarlo vuol dire aiutarlo perché egli sia capace di soddisfare i bisogni fondamentali sapendo scegliere e controllare il magma ribollente delle emozioni senza lasciarsi travolgere dagli eccessi distruttivi e nello stesso tempo dando alimento alle risorse creative che necessitano di stimoli e sollecitazioni sia ambientali che personali.

Per esemplificare si potrebbe dire: mangiare è necessario, mangiare troppo fa male, non mangiare ci dà sofferenza e morte. L'Io cosciente dovrà imparare a mantenersi in equilibrio.

La saggia guida dell'Io cosciente è necessaria per il soddisfacimento di tutti gli altri bisogni fondamentali anche di quelli che appaiono più sopiti e nascosti quali quelli culturali estetici o metafisici.

Sapersi mantenere in equilibrio nella condotta esige l'assunzione di modelli e valori ritenuti fari che illuminano.

Si tratta della scelta dei valori etico-sociali che per alcuni prendono la forma filosofica o religiosa di ideologie o di dottrine religiose. Per molti i massimi valori indicano l'imperativo categorico "Tu devi" seguire le indicazioni di una dottrina estrinseca, per altri filosofi l'imperativo categorico del "Tu devi" deve essere in armonia con la vera essenza della vita individuale e cioè l'amore per la vita stessa, la bellezza, l'armonia con gli altri e la natura, la ricerca costante della verità e l'aspirazione al senso del Sacro e del mistero del Creato.

Questo genere di valori deve essere universale e incompatibile con l'intolleranza e i dogmi che negano il primato dell'uomo.

Maslow ritiene che sia la stessa natura umana a segnalarci mediante determinati sintomi quali debbano essere i valori universali che danno corpo all'etica e devono guidare le condotte umane.

Tutti possono constatare che se facciamo il male o disprezziamo la vita o siamo eccessivamente egoisti proviamo prima o poi un disagio interiore, una sofferenza che nel medio lungo periodo ci porta una qualche forma di malattia fisica o mentale.

D'altra parte la letteratura è piena di testimonianze della sofferenza delle persone cattive, delle loro angosce e talvolta delle loro repentine conversioni e talvolta anche suicidi.

Senza voler fare del moralismo è noto che l'odio porta al male della persona che lo prova.

La natura umana non è indifferente alle diverse condotte giacché il sentimento dell'amore è più forte del sentimento della morte.

Per parafrasare la filosofia di Kant l'etica insita nella natura umana è un'etica trascendentale cioè non trae forza e dignità o legittimazione da una metafisica o da una ideologia estrinseca all'uomo singolo, non poggia cioè sui concetti dell'assoluto che sovrasta il singolo ma scaturisce dall'interno stesso di ogni singolo uomo ed ha un'origine genetica e dunque universale.

Il difficile compito del Soggetto: muoversi nella tempesta delle emozioni sospinto dagli stimoli dei bisogni fondamentali

La conoscenza teorica e razionale dei valori universali del Vero, del Bene, del Bello ecc. non garantisce automaticamente una condotta di vita sana ed equilibrata: il passaggio alla prassi esige l'adesione emotiva.

L'Io cosciente tende ad affermarsi e a realizzarsi in costante dialettica con i molti fattori dell'ambiente e con le proprie pulsioni.

I bisogni fondamentali sono numerosi ed hanno una diversa intensità di voce: alcuni sono prepotenti altri riservati e timidi. Alcuni bisogni si affacciano con la loro voce potente e spesso occupano tutto il territorio dell'attenzione dell'Io cosciente.

Sarà compito dell'Io cosciente di guidare e armonizzare le risposte, sarà compito dell'Io volitivo sapersi districare tra le emozioni più o meno intense che si accompagnano al soddisfacimento dei bisogni o alla loro limitazione e autocontrollo.

Gratificazione e frustrazione producono emozioni e sentimenti; il destinatario, cioè l'Io, sperimenterà la vasta gamma delle emozioni e in base al gradimento deciderà le scelte future senza però lasciarsi sedurre dalle sirene delle emozioni che spesso nascondono insidie se non vengono controllate con i fari luminosi dei valori del bene, del bello, del giusto, del vero ecc.

Le molteplici espressioni del mondo emotivo sono al servizio dei fini generali della vita per la sopravvivenza del singolo e della specie e somministrano il piacere o la paura che potrebbero spingere alla fuga e alla aggressione per la sopravvivenza; ma anche all'impegno, la gioia come ricompensa e stimolo per la creatività.

Tra le emozioni fondamentali includiamo le seguenti: la rabbia come strumento di difesa e di tutela dei beni; la tristezza come spazio di riflessione di abbandono per recuperare le energie infine la sorpresa e la curiosità di tutto ciò che è nuovo e inaspettato come motore per cercare il perché delle cose e le loro essenze.

Queste sono le emozioni primarie intese come capifamiglia di moltissime altre sfumature emotive. Pensiamo ad esempio ai sentimenti dell'ansia, della nostalgia, del rimpianto, dell'attesa, del tormento, del senso di colpa, dell'estasi, della tensione all'infinito, della tenerezza, della implorazione, della rinuncia, dell'odio, della minaccia, dell'ossessione ecc. ecc.

Il grande dilemma che si presenta al soggetto volitivo è capire quando la frustrazione è benefica o dannosa e quando l'appagamento dei bisogni conduce all'equilibrio della personalità o viceversa la può corrompere e danneggiare.

Maslow esamina questo problema ricercando le cause della patologia della personalità.

Il tema di interesse prevalente dello psichiatra era proprio la ricerca della causa della Psicopatogenesi.

L'esperienza clinica e gli studi convincono Maslow che si dove prendere in esame prevalentemente il fattore della deprivazione come causa principale dell'insorgenza delle patologie mentali e quindi del comportamento; Maslow però pone due tipologie di deprivazione: quella che è utilizzata per educare il carattere e non conduce alla patologia e quella che è causa della psicopatologia.

Spesso è necessario limitare e comunque controllare il soddisfacimento di certi bisogni allo scopo educativo per correggere certe condotte e abitudini dannose pertanto lo psichiatra colloca in una scala gerarchica le gratificazioni per favorire la formazione del carattere e le capacità dell'autocontrollo.

Le deprivazioni dei bisogni possono diventare cause di patologia quando il soggetto si sente minacciato in quei bisogni fondamentali che ritiene decisamente vitali.

Secondo Maslow i bisogni di sicurezza, di amore, di stima e di auto-affermazione sono quelli maggiormente sensibili e causa di patologia in caso di deprivazione.

Le situazioni nelle quali il soggetto si sente maggiormente minacciato sarebbero le seguenti:

- una prolungata mancanza di gratificazione dei bisogni di sicurezza, di affetto, di autorealizzazione;
- situazione di minaccia alla vita;
- minaccia dell'integrità dell'organismo;
- minaccia al controllo del mondo di appartenenza;
- minaccia ai valori ultimi.

Dal punto di vista pedagogico possiamo cogliere consigli e spunti per le azioni finalizzate alla maturazione della personalità dei ragazzi:

- non è mai consigliabile prolungare lo stress da deprivazione di alcuni bisogni ritenuti importanti quali il cibo, la sicurezza, la stima, gli slanci di autorealizzazione;
- non è opportuno chiedere di fare qualche cosa di cui non si è in grado di fare: sono utili le sollecitazioni e gli aiuti ma occorre evitare le insistenze che creano paura;
- occorrono cautele e sentimento empatico nelle situazioni di malattia o danni all'integrità fisica con richieste proporzionali alle risorse disponibili;

- di fronte a impedimenti o condizionamenti temperamentali è opportuno avvalersi di esperti e di supporti adeguati.

In conclusione l'insorgenza dei comportamenti nevrotici hanno la loro genesi in quelle frustrazioni che producono uno stato d'animo di prolungata paura.

Ricerche scientifiche nel campo neuronale del cervello hanno individuato i circuiti neuronali e le complesse dinamiche che coinvolgono le varie parti del cervello nella produzione del sentimento della paura provocato dalle scariche che provengono dalla zona limbica e in particolare dall'Amigdala.

In altra sede si potrà analizzare il dettaglio di queste dinamiche che scatenano vari stati d'animo quali l'ansia, la paura, il panico ed i vari sequestri emozionali.

PARTE TERZA

Possibilità di Educare l'Intelligenza emotiva

Non si dovrà mai perdere di vista l'obiettivo principale che il soggetto-educando dovrà raggiungere, possibilmente con l'aiuto degli operatori pedagogici (come gli insegnanti) nel suo itinerario educativo.

Gli insegnanti si dovranno far carico non solo dell'onere dell'istruzione e delle conoscenze ma anche del compito di capire le problematiche della relazione umana e della vita emotiva degli studenti.

L'attenzione pedagogica dei docenti sarà diretta alla maturazione delle due tipologie dell'Intelligenza sia quella Razionale volta prevalentemente ai saperi, sia quella Emotiva protagoniste entrambe dell'intera formazione del carattere.

Non occorre sottolineare che esiste un reciproco condizionamento tra le due realtà dell'Intelligenza umana.

L'obiettivo della maturazione della intelligenza emozionale significa conquistare la sanità mentale, intesa come maturazione della capacità di stare in equilibrio emotivamente senza lasciarsi travolgere dalle tempeste emotive che potrebbero compromettere la valorizzazione dei talenti disponibili.

La scuola ha il compito di aiutare il pilota studente ad essere consapevole dei suoi poteri di guida per l'autorealizzazione e l'affermazione del suo potenziale creativo.

Gli insegnanti sanno che le leve per aiutare il soggetto educando non stanno completamente nella scuola e dovranno pertanto avvalersi della collaborazione delle famiglie e delle altre istituzioni formative della società per neutralizzare gli influssi nefasti che derivano dalle tante proposte consumistiche dell'economia globale molto spesso distruttiva dell'equilibrio emotivo degli adolescenti.

Un'ultima considerazione prima di affrontare più in dettaglio il lavoro della scuola.

Sappiamo che i ragazzi quando vengono a scuola hanno già un loro vissuto familiare e sociale: in questo vissuto è già stata scritta una parte del discorso emotivo e nella zona limbica del cervello già ci sono le tracce delle risposte emotive nelle molteplici esperienze del passato.

Queste tracce condizionano sentimenti e comportamenti futuri ma, è bene precisarlo, possono essere modificati agendo con la saggezza pedagogica appropriata.

Come scrive Daniel Goleman certe cicatrici psicologiche nascoste possono essere sanate con il clima emotivo adeguato.

Venendo al discorso prettamente scolastico compito degli operatori educativi è in primo luogo redigere un progetto educativo finalizzato alla buona formazione del carattere e alla maturazione di tutto il potenziale creativo a disposizione dei ragazzi. Qualunque progetto didattico terrà massima attenzione alle modalità della relazione docente-discente. Tutti i docenti dovranno prestare attenzione alle conseguenze nefaste di un metodo educativo che dia spazio alla coercizione o alla minaccia. È dimostrato infatti che la paura e l'ansia non favoriscono gli apprendimenti né stimolano la motivazione o gli interessi.

Se è vero che la deprivazione di affetto e di stima provocano sofferenza e nevrosi ovviamente anche nel rapporto educativo scolastico si richiedono modalità relazionali nel segno del rispetto e dello incoraggiamento facendo leva sui punti di forza della personalità degli studenti.

È interessante leggere un passaggio dell'opera di Goleman sulle conseguenze della deprivazione affettiva: "Le sofferenze più comuni dell'infanzia ad esempio l'essere costantemente ignorati e deprivati dell'attenzione o della tenerezza da parte di un genitore, l'abbandono o la perdita, o ancora l'essere respinti socialmente possono raggiungere il livello del trauma ma sicuramente lasciano il segno sul cervello emozionale creando distorsioni - lacrime e collera nelle successive relazioni intime". Queste informazioni dicono all'insegnante almeno due cose: la prima che le storie personali degli alunni pur nella loro riservatezza, in qualche modo e con tutte le prudenze e cautele, dovrebbero essere note all'insegnante. (Questa conoscenza del vissuto è giovevole perché come sappiamo ci sono tracce del passato sul comportamento presente, tracce che disturbano il normale processo dello apprendimento dello studente). La seconda lezione e indicazione consiste nel suggerire all'insegnante di cercare metodi, stimoli culturali e modalità relazionali che siano giovevoli al recupero della fiducia e dell'autostima dei ragazzi talvolta affievolite dalle esperienze relazionali pregresse.

Si potrebbe aggiungere un'altra lezione per gli insegnanti che cioè il condizionamento, anche negativo, sulla psiche degli studenti può essere rimosso perché le cicatrici psicologiche quantunque nefaste possono essere addolcite dalle giuste terapie non solo farmacologiche ma soprattutto psicologiche.

Goleman nelle sue ricerche sui disturbi del comportamento e allo scopo di scoprire le modalità per l'eventuale recupero dell'equilibrio comportamentale afferma che le situazioni di sofferenza provocate dalla mancanza di amore o dal rifiuto sociale o costrizione dell'espressione dei propri slanci vitali e manifestazione della personalità lasciano tracce nell'area cerebrale dell'amigdala e provocano stati d'animo di paura e di ansia tali da compromettere la vitalità del soggetto con le ovvie conseguenze sul lavoro e sulla vita relazionale.

Goleman afferma inoltre che educando il lobo prefrontale sinistro della corteccia cerebrale è possibile controllare gli impulsi che prevengono dall'amigdala responsabile dei disturbi emozionali.

Attraverso la debita modalità di educazione è possibile ottenere il ri-apprendimento e questo grazie al processo educativo mirato ad ottenere il controllo emozionale. Si tratta dunque di lavorare consapevolmente sulla maturazione della intelligenza emozionale e non solo su quella Razionale logica dei saperi.

I valori pedagogici di una nuova paideia

È necessario che tutti gli insegnanti collaborino grazie alle loro sensibilità a trovare le leve emotive giuste per capire i loro ragazzi e consigliarli con il peso del loro carisma pedagogico.

È giovevole richiamare alcune modalità pedagogiche per agire secondo la nuova paideia espressa con le parole quali: Spontaneità, Distensione, Naturalezza, Rispetto di sè e degli altri, Valorizzazione di se stessi, Autoaccettazione, Consapevolezza dei propri impulsi dominanti, Gratificazione equilibrata e salutare dei bisogni fondamentali, Empatia, Solidarietà, Collaborazione, Atteggiamento costruttivo.

Questi valori pedagogici non devono essere letti come appello retorico o moralistico: sono le strade maestre per le quali al centro del processo formativo si collocano la salute dell'educando e la maturazione del potenziale creativo per lo sviluppo della personalità.

La storia e le esperienze pedagogiche testimoniano che sistemi educativi che privilegiano metodi di modellamento della personalità utilizzando prevalentemente valori estrinseci agli interessi della persona e metodi coercitivi per l'acculturazione (asservimento culturale) conducono a comportamenti conflittuali, servili e talvolta nevrotici.

Il sistema educativo che si propone di promuovere il potenziale della personalità consente di aiutare i giovani a trovare la strada della vera autorealizzazione della salute mentale.

L'intervento educativo e promozionale della scuola con metodi rispettosi della persona, attenti alle dinamiche emotive degli studenti ma altrettanto rispettosi dei valori universali della cultura e dell'etica è indispensabile per collaborare con tutti gli operatori educativi della società allo scopo di fronteggiare una situazione di malessere diffuso nel mondo giovanile e non solo.

Goleman suona l'allarme in questi termini "Questo malessere sembra un prezzo che la vita moderna impone a tutti i ragazzi del mondo (...) Nessun ragazzo ricco o povero è esente dal rischio (...) il fenomeno è globale perché a livello mondiale la concorrenza economica tende a ridurre il costo del lavoro e ciò produce contraccolpi negativi sulle famiglie (...) i figli sono abbandonati a se stessi o sotto l'influsso costante della televisione".

Ancora più allarmata è Urie Bronfenbrenner studiosa della Cornell University, che scrive: "La frenesia, l'instabilità e l'incongruenza della vita familiare quotidiana aumentano in ogni segmento sociale compresa la fascia delle persone colte e benestanti. È a rischio niente meno che la prossima generazione in particolare i maschi i quali nella crescita sono particolarmente vulnerabili a forze negative come quelle provocate dagli effetti devastanti del divorzio, della povertà, della disoccupazione".

Ovviamente l'azione della scuola non può essere esclusiva, occorrono tanti altri protagonisti a cominciare dalla politica, dall'economia, dalla collaborazione degli altri operatori del mondo della cultura e dell'educazione.

La scuola tuttavia può far molto per aiutare i giovani a far crescere non solo l'intelligenza razionale e cognitiva ma anche l'intelligenza emotiva a baluardo delle forze emotive distruttive della loro personalità.

Come può esplicarsi dunque l'azione della scuola per un percorso di alfabetizzazione emozionale?

Il primo gradino di questa particolare didattica consiste ovviamente nell'attenzione sulla modalità relazionale docente-discente (come già è stato detto) privilegiando l'empatia, grazie alla quale sia possibile comprendere il flusso emotivo di ogni ragazzo condizione indispensabile per un efficace approccio ai saperi curricolari.

Amorevolezza, rigore scientifico, pazienza, tolleranza, valorizzazione delle attitudini e del merito dovrebbero essere alcune indicazioni per l'approccio didattico individualizzato.

Il secondo gradino è ovviamente un percorso di anamnesi delle esperienze pregresse per allentare le ansie e individuare i talenti sicuri di ognuno.

La ricerca anamnestica potrebbe suggerire percorsi di didattica individualizzata che faccia perno sulle linee di forza e sulle attitudini di ogni studente allo scopo di favorire il processo di autorealizzazione.

Il terzo gradino è una ricognizione da parte di ogni studente del proprio mondo emotivo-affettivo con la redazione di un quaderno di auto-analisi partendo dal quadro sintetico del proprio passato emotivo e proseguire nelle annotazioni in itinere.

L'autoanalisi è sicuramente materiale riservato e solo se i ragazzi lo vorranno potrebbe essere occasione di valutazione e esame di gruppo anche allo scopo terapeutico e di rinforzo con una correzione sociale se richiesto dall'interessato.

Questa fase è di particolare delicatezza per non nuocere la privacy e dunque strettamente subordinata alla volontà dei singoli oggetti.

La tappa successiva è una riflessione sul mondo culturale espresso da prodotti culturali delle varie discipline nelle quali è possibile cogliere i tanti stati d›animo ed emozioni che hanno ispirato pittori, scultori, narratori, poeti, musicisti.

Si potrà fare uno studio sui determinati materiali di cultura per leggere il percorso della produzione artistica dalla suggestione emotiva all'uso del simbolo usato dall'artista per l'eternità nel marmo, nello spartito musicale, nel dipinto, nel movimento di danza, nella poesia, nel mondo psicologico di un personaggio della letteratura e così via. Valga come esempio l'indicazione di alcuni capolavori: la Pietà di Michelangelo, la Saggezza del Mosè, il tormento delle opere di Caravaggio, tutta la galleria emotiva della Divina Commedia di Dante, L'estasi di Santa Teresa d'Avila del Bernini, la potenza Divina espressa nel gesto del braccio o nelle masse muscolari di Gesù nel Giudizio Universale, la dolcezza sognante dei Notturni di Chopin, la forza travolgente e volitiva di Wagner, il distacco pessimistico con venature nostalgiche degli Idilli Leopardiani, il compatimento di Renzo nei Promessi Sposi, il pentimento tormentato dell'Innominato, le passioni amorose e politiche della galleria umana di Shakespeare, l'anima avventurosa e visionaria dello strampalato Don Chisciotte e così via.

C'è l'imbarazzo della scelta!

Tutta la vastissima galleria delle emozioni umane può essere visitata, analizzata, commentata, attraverso i prodotti della cultura oggetto della programmazione scolastica.

Lo studio delle opere d'arte avrà anche una ripercussione nell'esame e nella autovalutazione che ogni studente potrà fare del proprio mondo emotivo.

Il lavoro culturale ha certamente anche un valore terapeutico giacché, come scrive Goleman, rinforzando l'attività cosciente che impegna i lobi prefrontali della corteccia cerebrale si trovano le strade giuste per controllare la forza, talvolta distruttiva, delle scariche emotive prodotte dall' area limbica del cervello.

Altro gradino decisivo per il rafforzamento della intelligenza emozionale è l'azione didattica promossa dall'intero consiglio di classe centrata su una programmazione curriculare collettiva nella quale tutti gli insegnanti dovranno indicare il percorso strategico differenziato nelle diverse materie grazie alle quali si dovrebbe aiutare tutti gli studenti al raggiungimento dei seguenti obiettivi indispensabili per la maturazione del carattere e della intelligenza emozionale e cioè:

- essere autoconsapevoli
- decidere personalmente
- controllare i sentimenti valutandoli
- controllare lo stress
- essere empatici
- maturare la capacità di comunicare
- essere aperti
- essere perspicaci identificando i modelli tipici della propria vita emotiva
- auto accettarsi
- essere responsabile assumendosi la responsabilità
- essere sicuri di se affermando se stessi senza rabbia e paura
- sapere entrare nella dinamica di gruppo
- saper risolvere i conflitti.

Gli obiettivi indispensabili per la maturazione della intelligenza emozionale sono stati proposti dai ricercatori americani Karen F. Stone e Harold Q. Dillehunt.

Questi obiettivi esigono l'approfondimento di studio da parte di tutti i docenti perché al momento attuale è carente la letteratura pedagogica che dia suggerimenti operativi per la difficile impresa didattica.

Lavorare sulla formazione del carattere stilando un'adeguata strategia analitica con l'indicazione dei contenuti delle proposte operative, dei metodi e delle valutazioni non è impresa semplice dovendo operare sulla psiche umana e sul mondo delle emozioni strettamente collegato al mondo dei bisogni fondamentali.

Detto tutto ciò ci dovremo rimboccare le maniche e armarci di fiducia operando nelle scuole così come scrive Goleman "La scuola ha il difficile compito di insegnare a ogni ragazzo i modi essenziali per controllare la collera e risolvere positivamente conflitti (...) di insegnare l'empatia, il controllo degli impulsi e gli altri aspetti della competenza emozionale".

Un altro gradino per maturare l'intelligenza emozionale è l'accesso al mondo dei valori che dovranno essere i fari luminosi per la navigazione educativa in mezzo alle contraddizioni e alle tempeste delle emozioni.

Quali potrebbero essere i valori più adatti per l'obiettivo dell'auto-realizzazione?

Non certamente quelli alla base delle ideologie e delle religioni dell'intolleranza.

Queste costruzioni ideologiche chiederebbero alla scuola di formare i giovani secondo i modelli comportamentali e valoriali già decisi e intendono l'educazione come addestramento e conformismo.

Questa strada autoritaria vorrebbe che la scuola fosse lo strumento al servizio dei potenti, dello Stato e delle religioni che non liberano l'uomo.

Una pedagogia fondata sui valori universali che liberano la persona non deve però condurre all'anarchia pedagogica come capitò al grande scrittore Lev Tolstoj nella sua esperienza pedagogica nella scuola di Jasnaia Poliana.

L'eccesso di pedocentrismo potrebbe condurre all'Egocentrismo.

Ritorna ovviamente il discorso dei bisogni fondamentali che in qualche modo dovranno essere controllati in base ai valori.

Si pone qui il rapporto non facile tra i valori che sceglie la persona e quelli dominanti nella particolare società nella quale si vive.

Ansie, paure e gratificazioni morali e fisici segneranno il percorso del processo educativo ma i valori universali del bello, del vero, del buon senso aiuteranno il pilota consapevole che vuole sviluppare la personalità.

Vorrei concludere riportando un passo del Trattato di Pedagogia del filosofo di scuola idealistica Renè Hubert scritto negli anni sessanta: "Vivere come se fosse solo nell'universo è questo per l'individuo il male supremo perché è un modo di rinnegare la propria individualità. L'egoismo trascina l'uomo a quanto in lui vi è di più lontano dalla moralità che costituisce la sua vera essenza, alle bassezze dell'istinto, alla violenza dell'orgoglio, alla brama di dominio, in breve, ad una chiusura in se stesso e quindi su ciò che in lui vi è di meno umano. L'egoismo rende impossibili le alte sintesi affettive impedisce il sentimento della bellezza, si oppone al sentimento dell'amore che ci proietta fuori di noi unendosi ad altre esistenze; si oppone al sentimento del divino che è il senso dell'unità dell'esistenza.

Funzione dell'educazione è quella di aiutare la formazione del carattere, di aiutare cioè la coscienza e rispondere al richiamo dello spirito per mezzo del sapere, della moralità, della bellezza e dell'amore e ad estirpare da sé quanto la inclina verso la menzogna, il vizio, la bruttezza e l'odio.

Al culmine di questo processo vi è il senso del divino al di là del quale non è più possibile l'azione razionale di una coscienza su di un'altra.

Sforzo filosofico e sforzo pedagogico si concludono ad un tempo".

PARTE QUARTA

Il dominio delle emozioni

Tutti gli operatori scolastici hanno la consapevolezza che la programmazione curriculare non dovrà trascurare alcuni obiettivi formativi fondamentali quali la maturazione dell'intelligenza emozionale ai fini della formazione del carattere.

Si ha intelligenza emozionale quando si ha la capacità di utilizzare la Ragione e quindi la riflessione per tenere sotto controllo l'irruenza delle emozioni che in varie circostanze sono la causa di forze distruttive delle quali poi si potrebbe provare il senso di colpa ed il pentimento.

Intelligenza emotiva significa fondamentalmente autocontrollo, equilibrio nelle situazioni di stress attivando la capacità di adattarsi alle situazioni. Come si chiarirà, questa intelligenza richiede sia la capacità empatica sia la maturazione di alcuni valori etico-morali.

L'urgenza di prendere in esame la sfera della vita affettiva dei nostri studenti è giustificata da almeno due ordini di considerazioni.

Studi sociologici ritengono che oggi, più che nel passato siamo tutti aggrediti da un virus diffuso in ogni ambito della cultura, dell'economia, della politica: il virus dell'egoismo, della violenza, della corruzione, della morale permissiva, dell'indifferenza, del disinteresse affettivo per il destino dei giovani e di tutti gli altri in generale.

Abbiamo tutti il dovere morale di vaccinare subito i nostri giovani dal rischio del disfacimento del sano tessuto sociale per la pacifica convivenza

Il secondo ordine di considerazioni si lega alla constatazione che il sistema formativo scolastico continua a privilegiare l'educazione della Razionalità mediante proposte culturali tratte dal patrimonio delle conoscenze dando purtroppo scarso rilievo alle problematiche relazionali ed affettive degli studenti. L'urgenza di modificare questo orientamento e tentare di ammettere nella dignità della didattica il mondo emotivo ed affettivo dei giovani potrebbe trovare argomenti convincenti nelle seguenti parole del neurofisiologo Daniel Goleman che parla dell'esistenza di due menti come due organi della Conoscenza: *"Queste due modalità della conoscenza, così fondamentalmente diverse, interagiscono per costruire la nostra vita mentale. La mente razionale è la modalità di comprensione della quale siamo solitamente coscienti: dominante nella consapevolezza e nella riflessione, capace di ponderare e di riflettere. Ma accanto ad essa c'è un altro sistema di conoscenza - impulsiva e potente, anche se a volte illogica, c'è la mente emozionale"*.

Se dunque è dimostrato che le due menti di cui disponiamo sono tra loro interagenti e protagoniste della costruzione della nostra "vita mentale" se ne deduce che la scuola come istituzione preposta alla formazione della personalità nella sua integralità deve prendere in esame i problemi che vengono dalla mente emozionale quindi tentare di comprendere i fattori che sono responsabili del comportamento umano nelle diverse stagioni della vita e nelle varie situazioni della vita privata e sociale.

Approccio pedagogico:
il mondo delle emozioni

L'oggetto della nostra analisi è quel complesso di funzioni neuropsicologiche che producono stati d'animo ed hanno la capacità di spingere l'individuo all'azione con le leve della frustrazione e della gratificazione.

Questi fenomeni vengono chiamati emozioni.

Quante sono le emozioni? Esse hanno il carattere dell'universalità? La loro manifestazione può subire l'influenza della cultura e dell'ambiente? Come si producono? Quale funzione svolgono?

Sono fenomeni automatici incontrollabili o sono educabili e controllabili? A quali processi vitali vengono associati?

Queste domande sono argomenti per i quali si possono scrivere molti saggi. In questa sede si esaminano alcuni aspetti utili al nostro obiettivo principale cioè quello psicopedagogico e didattico.

Per quanto riguarda la classificazione e la nomenclatura dei fenomeni emotivi il ricercatore americano Paul Ekman ha effettuato una prima classificazione dei gruppi più significativi delle emozioni individuando sei grandi categorie di stato d'animo cioè tristezza, rabbia, gioia, paura, disgusto, sorpresa.

Studi successivi hanno indicato l'esistenza di ben 156 tipi di emozioni che possono essere provate dall'uomo.

Si rinvia l'argomento ad altri studi per l'approfondimento e la nomenclatura degli stati d'animo fornendo in questa sede un piccolo elenco: compassione, conforto, aspettativa, autocommiserazione, angoscia, coraggio, HWYL (cioè entusiasmo di una festa) esasperazione, invidia, riluttanza, rimorso, paranoia, nostalgia, shock, soddisfazione, rimpianto, desiderio di scomparire, seccatura, vergogna, umiltà, spensieratezza, malcontento, imbarazzo, ecc.

Ci sembra maggiormente funzionale al nostro obiettivo generale di carattere pedagogico l'esame eziologico dei fenomeni emozionali e cercare le ragioni del loro manifestarsi, scoprirne le funzioni che svolgono sia a livello intrasoggettivo sia a livello esterno con funzione comunicativa.

Formazione e funzione delle emozioni

Seguendo un approccio di carattere filosofico e antropologico il prof. Josè Antonio Jàuregui, docente di antropologia sociale nella Università di Madrid nel suo libro "Cervello ed emozioni" formula una teoria per spiegare l'eziologia delle emozioni e la funzione che esse svolgono nel corso dell'esistenza individuale e sociale dell'uomo.

Tutte le emozioni sia quelle espresse con segni fisici manifesti sia quelle senza apparente visibilità esterna costituiscono un unico mondo programmato a-priori di natura genetica e universale.

Costituiscono un sistema emozionale paragonabile a un software compatibile con l'hardware del cervello.

Scrive il prof. Jàuregui *"Il sistema emozionale ubicato nel cervello è uno dei sistemi di informazione più ingegnosi, più rapidi, più precisi e più complessi. È un sistema genetico di informazione con cui il cervello informa l'individuo di cosa deve fare quando e come e con quale grado di urgenza il lavoro deve essere svolto".*

Utilizzando la metafora informatica il cervello sarebbe un computer costituito da un hardware ed un software. Questo organo sarebbe in continuo contatto comunicativo con l'IO Cosciente il quale è il destinatario delle informazioni necessarie per l'itinerario della vita.

Il computer cerebrale decide di volta in volta e in maniera automatica di inviare all'IO Cosciente ed ai diversi organi del vivente le diverse sensazioni ora piacevoli ora dolorose.

Il sistema emozionale sarebbe la frusta del computer o come scrive l'antropologo *"il bastone e la carota, i premi ed i castighi, la leva per fare pressione (...) per persuadere e costringere l'individuo ad eseguire gli ordini ricevuti"*.

Tra il cervello-computer e l'io o Soggetto ci sarebbe un continuo rapporto con contrattazioni costanti. Con questi contatti il cervello-computer somministra diverse dosi di piacevolezza o di sofferenza a seconda dell'importanza del compito che il soggetto dovrebbe svolgere.

Il sistema emozionale costituisce dunque quel complesso delle frustrazioni e gratificazioni da somministrare al soggetto da parte del cervello-computer che utilizza il software genetico programmato a-priori dalla natura (o forse da una intelligenza superiore) artefice della creazione.

Con quale criterio avviene la somministrazione delle emozioni (gratificazioni e frustrazioni)?

Il programma intelligente somministra con dosaggi diversi le frustrazioni e la gratificazione a seconda dell'importanza e dell'utilità dell'azione da dover compiere *"Più è importante il lavoro da eseguire per il bene del corpo e della società più alto è il compenso emozionale, più intenso il piacere offerto e pagato"*.

L'autore porta un esempio simpatico e convincente almeno per un lettore maschio cioè il seguente: *" Il computer cerebrale paga qualche lira emozionale al soggetto (supponiamo sia maschio) se invia le immagini delle gambe di una ragazza attraente (al comparto visivo del cervello); il computer emozionale offrirà al soggetto una somma di piacere più alta se questo esplorerà con le mani le gambe della ragazza e il compenso aumenterà se tale esplorazione si estenderà alle parti più intime del suo corpo; ma se il maschio in questione riuscirà a fare l'amore con la ragazza, il suo computer cerebrale lo ricompenserà con un piacere così grande che tutte le somme precedenti al suo confronto sembreranno una miseria".*

Con la metafora cervello uguale computer programmato con software genetico l'autore ci conduce ad una verità biologica e filosofica insieme che cioè il computer cerebrale decide automaticamente ogni momento della nostra vita mediante il programma del sistema emozionale che dispensa frustrazione e gratificazioni a beneficio della conservazione dell'individuo e della specie.

Secondo questa teoria: *"L'individuo è sottomesso al governo autonomo e persino dispotico del computer cerebrale che possiede in esclusiva la frusta dei sentimenti".*

Questa teoria sembrerebbe togliere all'uomo Soggetto Cosciente e Volitivo, ogni possibilità di azione libera giacché il computer cerebrale avrebbe un programma genetico che decide (o fa decidere con la sua frusta) ogni comportamento umano.

Il rischio e la condizione di passività del soggetto sono evidenziati dallo stesso autore che scrive: *"Se il cervello muove l'individuo con la frusta dei sentimenti, l'uomo non è altro che una marionetta che ama, odia, soffre di mal di stomaco, sente fame, ha voglia di urinare, di fare l'amore, di leggere, di smettere di leggere, una marionetta mossa in ultima istanza dai fili della Natura, l'estremo burattinaio?".*

Aprendo la parentesi si potrebbe notare che in questo segmento concettuale della teoria esposta dall'autore si potrebbero cogliere alcuni elementi del complesso problema della "motivazione" di cui si parlerà in seguito.

Riprendendo il filo del nostro discorso il nostro autore in esame (Jàuregui) esclude che il Soggetto sia subalterno al computer cerebrale; sostiene piuttosto la tesi della dualità dialettica esistente nella natura umana con le due polarità in costante negoziazione tra il computer cerebrale dispensatore di emozioni (gratificanti o frustranti) che invita ad agire nelle diverse direzioni utilizzando la frusta emozionale secondo il software genetico ed il Polo dell'IO o Soggetto consapevole e volitivo destinatario delle tante sfumature del complesso sistema emozionale. Come già detto, la negoziazione conduce alla somministrazione di emozioni che potranno essere gratificanti se le azioni e le decisioni dell'io cosciente saranno compatibili con gli obiettivi di conservazione e di benessere dell'individuo e della società e quindi della specie.

Il soggetto volitivo potrebbe certamente opporsi agli impulsi del computer cerebrale sopportando con sacrificio lo stress e la frustrazione e decidendo di rinunciare all'offerta di quel quantitativo di piacere messo a disposizione dal software.

Quali saranno le conseguenze?

Le conseguenze riguarderanno sia la sfera fisica sia quella psichica.

Opporsi all'impulso della fame avrà conseguenze su quell'equilibrio psico-fisico dell'individuo; opporsi alle regole sociali avrà conseguenze per quel complesso di sensazioni morali e fisiche che incidono sui bisogni di stima sociale, di sicurezza, di autostima, di affetti, ecc.

Le decisioni di collocarsi sul piano dell'opposizione potrebbero nutrire le personalità forti producendo martiri eroi protagonisti vincenti ma anche incidere sugli equilibri mentali di persone meno resistenti e motivate producendo nevrosi e patologie mentali di diverse gradazioni.

In conclusione il non rispondere agli impulsi del computer cerebrale avrà conseguenze che incideranno sul normale equilibrio della vita dell'individuo e spesso della società.

La questione appena accennata sarà affrontata esaminando il problema dei bisogni fondamentali dell'uomo e la motivazione di cui ha parlato lo psicologo Maslow.

La teoria della somministrazione del piacere o della frustrazione da parte del computer cerebrale elaborata dall'antropologo José Antonio Jàuregui potrebbe avere una qualche condivisione in una frase del filosofo San Tommaso d'Aquino e cioè: "Nemo sine dilectatione vivere potest".

L'antropologo Jàuregui scrive: *"Le sensazioni piacevoli sono una condizione sine qua, non un un'energia vitale indispensabile, una specie di ossigeno spirituale"*.

Teoria del computer cerebrale

La maggiore comprensione della teoria di Jàuregui ci permette di approfondire la questione "Libertà e Necessità" e di capire i margini di azione-libera a disposizione dell'uomo-soggetto in fase di dialettica rispetto al computer emozionale predisposto geneticamente a priori dalla Natura.

Come in seguito si vedrà grazie al contributo di Maslow, l'organismo è geneticamente programmato con un complesso di bisogni fondamentali che collocati in maniera piramidale si articolano e si sviluppano dai bisogni di mancanza, come quelli fisiologici, fino ai bisogni di crescita come i bisogni di conoscenza ed estetici.

L'urgenza e la voce di questi bisogni sono determinate dal computer emozionale che manda segnali emotivi (di frustrazione o gratificazioni) ora intensi (come accade per il bisogno di cibo) ora molto flebili (come per i bisogni di conoscenza o estetici).

Ma sarà la volontà del soggetto con la sua libertà di accettazione o di contrasto ad ascoltare lo stimolo che ci viene dal fondo genetico dalla nostra psiche che ci sollecita con la frusta emozionale del computer genetico- emozionale.

Hardware e Software del computer emozionale

Scrive l'antropologo Jàuregui: *"Il cervello possiede un hardware ed un software che permettono il funzionamento. Per hardware del cervello si intende una programmazione genetica che gli consente di funzionare con un software particolare con determinati programmi e non con altri (...). L'Hardware del computer cerebrale di una scimmia è incompatibile con il software dei programmi del riso, del cucinare, della religione, dell'etica che è invece compatibile con l'Hardware del cervello umano".*

Usando ancora la metafora del computer l'antropologo spagnolo precisa che ci sono due tipi di software o programmi del computer cerebrale quelli bio-naturali e quelli bio-culturali:

"Con il termine - software bio-naturale intendo un programma sviluppato installato nel cervello dal piano genetico: il riso, il sorriso, il pianto e altri programmi ancora".

"Per software bio-culturale intendiamo un programma culturale che il cervello memorizza e acquisisce gradualmente in base al suo patrimonio genetico".

Come ben si comprende il software bio-culturale che viene appreso e che certamente in qualche modo condizionerà l'orientamento ed il comportamento dell'individuo è il prodotto di quell'azione che ogni Soggetto compie con l'immersione nel contesto sociale e culturale nel quale si troverà a vivere. L'azione di assimilazione non sarà quasi mai meccanica e necessitata dall' ambiente socio-culturale ma dipenderà in gran parte dal desiderio della volontà, dalle predisposizioni emotive e cognitive e relazionali del soggetto.

L'antropologo chiarisce che l'acquisizione avviene grazie al patrimonio genetico (capacità di apprendere, spinte emotive) seguendo un percorso difficile e graduale.

Le azioni congiunte non sempre sinergiche del software bio-naturale e del software bio-culturale dovranno costantemente incontrarsi e forse scontrarsi con la Volontà e la Libertà valutativa del Soggetto.

Ci sarà dunque un costante lavorio di negoziazione tra il Computer Emozionale e la Libertà valutativa e volitiva del Soggetto.

Prima di entrare nel difficile problema della identificazione e limiti della libertà valutativa e volitiva del soggetto in rapporto dialettico con il computer emozionale dispensatore di "premi e castighi emotivi" (il ventaglio ricco delle sfumature emotive) è necessario approfondire il discorso sul computer metafora del cervello con il suo hardware e i suoi software (bio-naturali e bio-culturali).

Il cervello come struttura neurologica visibile potrebbe essere la parte materiale del computer cerebrale cioè l'hardware. Questa struttura neuronale complessa ha una sua programmazione genetica che può funzionare solo con alcuni software e non con altri. I software dei programmi della scimmia non si adattano all'hardware cerebrale dell'uomo.

Scrive l'antropologo: *"L'hardware del computer cerebrale di una scimmia è incompatibile con il software dei programmi del riso, del cucinare, della religione, dell'etica che è invece compatibile con l'hardware del cervello umano"*.

I programmi installati nel software hanno un'origine genetica propri della specie.

Questi programmi innati sono ovviamente differenti nelle diverse specie.

Esiste ad esempio nel cane un programma genetico grazie al quale l'animale annusando uno schizzo di orina individua il sesso, l'età, e l'identità del possessore di quel liquido. L'uomo possiede altri programmi innati installati geneticamente. Alcuni di questi programmi sono il riso o il pianto.

Come già è stato detto i programmi del software dell'uomo sono di origine naturale e di origine culturale. I programmi di origine naturale si attivano senza una precisa volontà umana e non hanno un'origine ambientale. Questi sono programmi bio-naturali. Oltre a questi ci sono nell'uomo programmi bio-culturali e sono quei programmi che fanno dell'uomo un essere speciale.

L'intuizione dell'antropologo circa la natura del software bio-culturale in qualche modo collabora a rendere più convincente l'intuizione dello psicologo Maslow circa l'origine e la natura innatistica di alcuni bisogni fondamentali dell'uomo quali il bisogno di conoscenze o di aspirazioni religiose e aperture metafisiche. Di questo si parlerà poi.

Ritornando all'intuizione dell'antropologo Jàuregui sulla natura del software dei programmi bio-culturali si legge nella sua opera: "Qualsiasi sistema culturale è in parte un programma genetico, in parte un programma culturale e in parte un programma bio-culturale". Il software bio-culturale non è dunque ricevuto in maniera innatistica come il programma bio-naturale ma è il frutto di un concorso di forze: è genetico in quanto l›hardware cerebrale è disposto dalla natura genetica a ricevere quella tipologia di software (desiderio di conoscenza di etica, di religione). È culturale perché è il frutto di prodotti culturali della società.

Grazie alla volontà, alla curiosità, agli impulsi culturali ambientali il programma software diviene bio-culturale, cioè acquisizione del singolo soggetto il quale sarà condizionato operativamente dai valori etici e religiosi che il software ha appreso dal contesto culturale.

I valori culturali appresi saranno la molla, lo stimolo e il giudice delle azioni future dell'individuo. Le due tipologie di software il bio-naturale del bio-culturale potrebbero essere assimilati a quel fondale biologico e psicologico dal quale partono gli impulsi innati ma di diversa intensità e consapevolezza che Maslow chiama "i bisogni fondamentali posti in struttura piramidale classificati come bisogni di mancanza e bisogni di sviluppo".

Automaticamente il software bio-naturale ci lancia diversi segnali per farci mangiare o farci dormire o desiderare il sesso; dall'altra parte il software bio-culturale ci manda segnali per farci desiderare il sapere o la ricerca di Dio o farci capire il bene dal male.

Il linguaggio del computer cerebrale per farci compiere i suoi progetti vitali

I software bio-naturale e quello bio-culturale ci inviano impulsi all'azione sia per appagare i bisogni fondamentali di conservazione e di difesa della vita sia per promuovere maggiormente la nostra dimensione conoscitiva, di autostima e di anelito metafisico seguendo un percorso etico che è stato introiettato assorbendo i valori etici della comunità che ci garantisce stima sociale e sicurezza.

Possiamo opporci allo stimolo che ci viene trasmesso dal computer cerebrale?

Possiamo opporci ad esempio allo stimolo della fame o opporci ai valori che informano i comportamenti della comunità di appartenenza?

Il soggetto è libero di non ascoltare e di non obbedire ai programmi dei software bio-naturali e bio-culturali? Quali sono i mezzi a disposizione del computer cerebrale per convincere il Soggetto Cosciente ad eseguire i compiti indicati dai programmi dei software e quindi ad agire con comportamenti virtuosi in linea con le indicazioni programmatiche?

Libertà del Soggetto Volitivo

Il Soggetto come entità volitiva cosciente (la cui natura ultima ci sfugge) potrebbe sicuramente opporsi, ribellarsi agli stimoli che provengono dal computer cerebrale ma questo meraviglioso sistema di origine genetica ha i suoi mezzi e i suoi metodi per far riflettere il polo dialettico cosciente cioè il Soggetto: Tali mezzi sono le emozioni quegli stati d'animo si presentano su due versanti opposti: quello del piacere e quello della sofferenza. Avviene, come chiarisce l'antropologo, il controllo emozionale somministrando sensazioni piacevoli nel caso della gratificazione intesa come premio allo stimolo emesso dal software ma anche sensazioni spiacevoli nel caso del castigo per la decisione di opporsi agli stimoli del software bio-naturale o bio-culturale.

Il sistema del controllo emozionale dei vari sistemi: (quelli fisiologici quelli sociali quelli culturali etico-religiosi) è talmente sofisticato che somministra gradi di piacere o sofferenze a seconda del densimetro del bisogno: più intenso è lo stimolo del bisogno maggiore o minore sono la gratificazione o la frustrazione somministrate dal codice emozionale del cervello.

È chiarificatrice la seguente citazione: *“Lo stomaco, mediante il sistema nervoso, tiene informato il cervello della quantità di cibo che sta metabolizzando! Il cervello provoca automaticamente una certa quantità di desiderio di mangiare (ciò che chiamiamo fame o appetito) commisurata alla quantità di cibo richiesta dallo stomaco.*

Se lo stomaco è completamente vuoto, l'impulso di mangiare sarà pari a cento gradi; se lo stomaco è pieno al cinquanta per cento, il cervello attiverà un cinquanta per cento di fame; se lo stomaco è pieno zeppo il cervello porrà il densimetro della fame a zero gradi".

Come risponderà il soggetto a questo impulso che viene dal software bio-naturale? Quale comportamento verrà attivato dal soggetto?

Gli stimoli o impulsi (espressione dei bisogni fondamentali dell'uomo) seguono leggi proprie di origine genetica ma il Soggetto Cosciente potrà agire non meccanicamente. Se lo vorrà potrà decidere di valutare l'impulso e comportarsi con modalità diverse fino ad ignorare l'impulso ma il computer cerebrale ha il suo magazzino di mezzi e strumenti per farsi obbedire dal Soggetto Volitivo e in definitiva libero.

È il magazzino delle emozioni cioè un codice emozionale con tantissime sfumature con le quali si premia o si castiga il soggetto per il suo comportamento.

Ci saranno emozioni piacevoli diversamente graduate secondo il densimetro dell'impulso o stimolo: più intenso è il desiderio di mangiare maggiore è il quantitativo di piacere che viene somministrato dal codice emozionale del computer cerebrale. Alla stessa stregua funzionerà la frusta delle punizioni che somministra sofferenze di diversa intensità e sfumatura.

Il ventaglio delle sfumature emozionali nelle due direzioni (gratificazione e frustrazione) è molto ampio e di difficile classificazione.

Risulta ormai chiaro che il computer cerebrale con il suo magazzino di emozioni controlla ogni apparato, ogni organo ogni atto volitivo del soggetto.

La negoziazione dialettica tra il computer cerebrale con tutto il suo sistema emozionale di premi e punizioni ed il polo cosciente e volitivo del soggetto è continua.

Con questa negoziazione si sviluppano nelle varie direzioni i comportamenti del soggetto.

Il controllo emozionale
sui sistemi etico-religiosi

Tutti gli impulsi che derivano dal software bionaturale come richieste per soddisfare i bisogni fondamentali fisiologici (fame, sete, sonno, ecc.) non offrono tanti margini di libertà di scelta al Soggetto. Ristretti sono i margini di manovra per la negoziazione. La cosiddetta frusta emozionale (piacere/sofferenze) agisce quasi immediatamente ed il soggetto riceverà quasi immediatamente gradi di piacere e di sofferenza dimostrando la sua subalternità al padrone della frusta emozionale di origine genetica a meno che(...), in nome della libertà del soggetto ci si voglia sottoporre al martirio magari per cause nobili o patologiche (rinuncia a mangiare, bere, voti di castità, ecc.)

Maggiore margine di negoziazione avrà il Soggetto con gli impulsi che scaturiscono dal software bio-culturale dove si richiede maturità e forza volitiva per assecondare o contrastare gli impulsi dei bisogni bio-culturali.

Per quanto riguarda il contenuto programmatico del software bio-culturale occorre chiarire la parte di provenienza genetica e quella sociale e culturale.

Meritano di essere approfonditi i due sistemi più complessi che caratterizzano il software bio-culturale cioè il sistema etico ed il sistema religioso.

Occorre precisare che questi sistemi del software bio-culturale dell'uomo certamente interagiscono con altri sistemi come quello economico e quello politico.

Controllo emozionale del sistema etico

Il bisogno di soddisfare l'impulso della fame del software bio-naturale non offre molti margini di libertà negoziale al Soggetto ma il bisogno del software bio-culturale di comportarsi in maniera conforme alle regole morali dominanti in una determinata società non è sempre fortissimo come impulso e molto spesso questo bisogno deve interagire e talvolta soccombere sotto la forza d'urto di altri stimoli del sistema economico o politico: (un politico corrotto, imprenditore sfruttatore ecc.)

Questo esempio chiarisce quanto spazio di negoziazione e di libertà abbia il soggetto mosso da una molteplicità di impulsi bio-naturali e bio-culturali: (bisogno di mangiare e bisogno di non rubare o anche bisogno di sicurezza e bisogno di rispettare la vita e non uccidere).

Nel software bio-culturale c'è la componente genetica tale per cui gli impulsi programmatici del software sono comuni a tutti gli esseri umani ma c'è la componente culturale che è il frutto sia del patrimonio culturale della società sia dell'attività di assimilazione ed elaborazione dell'uomo collocato in un determinato contesto culturale con la sua peculiare capacità mentale di volontà di assimilazione e di adesione.

Nessun uomo è indifferente alla voce del sistema etico in primo luogo perché nella sua stessa conformazione genetica è predisposto ad accogliere l'eticità (i valori) presente nella società così come è predisposto geneticamente ad accogliere il sistema comunicativo dei segni verbali.

Il software bio-culturale per quanto riguarda il sistema etico ha installato geneticamente il suo particolare controllore emozionale che sa punire o gratificare il Soggetto per i comportamenti (conformi o differenti) rispetto al codice etico che è stato assimilato nel corso della vita.

Il controllore del comportamento si avvale di alcuni sentimenti di origine genetica cioè il senso di colpa, il senso della vergogna. Scrive Jàuregui: *"Nell'hardware del computer cerebrale di tutti gli esseri umani è installato un sentimento specifico e dalle caratteristiche uniche: il senso di colpa.*

È il meccanismo emozionale tipico del sistema etico e come il sentimento della vergogna o del riso, è innato. Il computer cerebrale lo innesterà applicandolo al codice etico vigente in una determinata società territoriale quando viene installato nel software".

Quindi il software bio-culturale relativo all'area del comportamento invierà programmi al Soggetto comprendenti un codice etico con i valori della società territoriale tutelato per così dire da quella frusta emozionale che somministra sensi di colpa, sensi della vergogna o serenità, autocompiacimento, benessere emozionale.

Come si può vedere, il Soggetto a seconda di come si è strutturato eticamente nel corso del suo processo formativo, ha un grande spazio di libertà operativa.

Questa concezione etico-filosofica di Jàuregui potrebbe offrire qualche argomento a favore del Relativismo Etico che giustificherebbe ogni tipo di comportamento purché conforme al codice etico dominante nei vari territori e nelle diverse aree culturali.

Per semplificare: uno stupro potrebbe essere un gioco in alcuni contesti culturali e non un delitto esecrabile. Nonostante questo labile confine tra il bene ed il male è però universale il sentimento empatico che ci consente di provare compassione e di guardare qualunque uomo qualunque vivente come valore universale da tutelare. Da questa consapevolezza si potrebbe partire per un codice etico universale.

È esemplare il racconto evangelico del "Buon Samaritano che scendeva da Gerusalemme a Gerico".

In conclusione il Soggetto consapevole e volitivo cioè questo Io misterioso e coordinatore di tutti i sistemi presenti nel software programmatici (sia quello bio-naturale sia quello bio-culturale) è costantemente sottoposto a stimoli, richiami, urgenze, desideri, che provengono dal reparto biologico naturale e dal reparto bio-culturale.

Non sempre sarà capace di agire secondo una sua coerenza di valori, spesso sarà soggetto a tentazioni, spesso sarà a corto di energie per poter realizzare un suo progetto ma dovrà accettare la sfida della vita e reggere anche lo stress delle sconfitte per non soccombere.

Molti cercano ancore di salvezza in campi culturali che ricercano il senso globale del vivere e si aprono ad aneliti metafisici e religiosi.

Per quanto riguarda la forza di condizionamento che esercita il codice etico installato nel computer cerebrale è utile ricordare che il software di valori inseriti continuerà sempre ad operare ed inviare stimoli facendo pagare al soggetto sensi di colpa o sensi della vergogna per la sua opposizione al codice inserito. Scrive l'antropologo *"Una volta che questo codice culturale/etico di una determinata società si installa nel cervello, si trasforma in un sistema biologico e biosociale che funziona in maniera totalmente indipendente dall'individuo seguendo leggi proprie e attivando meccanismi emozionali corrispondenti".*

È chiaro dunque che la libertà del Soggetto ha sempre un costo. Potrebbero esserci sanzioni emozionali quali il senso di colpa, il rimorso, la paura, l'odio ecc.

Il controllo emozionale

del sistema religioso

Da dove nasce la Religione, chi ha inculcato nel computer cerebrale dell'uomo il bisogno di Dio? "Perché l'uomo si occupa o si preoccupa di alcuni assunti metafisici come lo scopo ultimo della vita e della morte, il significato dei sogni, l'origine del mondo o il destino finale di ogni individuo?" Queste domande le hanno formulate gli uomini di ogni tempo e queste sono la premessa del sentimento religioso.

L'antropologo Jàuregui ritiene che sia deludente ogni teoria fin qui formulata sull'origine del sistema religioso e del bisogno di Dio da diversi filosofi o antropologi.

L'autore afferma che "tutte le spiegazioni evoluzionistiche che si sforzano di dare una risposta a come la scimmia sia diventata religiosa e abbia smesso di essere scimmia non ci portano da nessuna parte".

Se è quasi impossibile capire razionalmente l'idea e la natura di Dio è però chiaro che "Solo l'uomo fin dalla più tenera infanzia sente fame di Dio".

Risulta acclarato che il bisogno o fame di Dio fa parte del patrimonio genetico dell'uomo e costituisce come un a-priori metafisico di cui si ignora l'origine.

Partendo da questo bisogno innato tutte le società umane hanno costruito sistemi religiosi con proprie teologie e rituali, culti e sacerdoti e Profeti con il compito di interpretare i voleri della divinità.

Dalla fame di Dio o anelito a Dio quasi tutte le religioni sono pervenute all'idea di un Dio con caratteristiche quasi identiche.

Come viene rappresentato il volto di Dio? Scrive l'antropologo *"È un Dio concepito e sentito come un padre giusto e buono che ha creato le nuvole i fiumi, i pesci e gli uccelli, le luci e le ombre, l'uomo e la donna. Un Dio che dirige la grande orchestra del mondo, che salva l'uomo dall'abisso del nulla quando la morte lo coglie nel momento in cui è più distratto dalla vicissitudine della borsa, dai problemi dei figli e dal campionato di calcio".*

Se è quasi impossibile dimostrare razionalmente l'esistenza di Dio come si è visto nelle argomentazioni della filosofia è però dimostrato che l'uomo può trarre benefici del culto di Dio se le religioni costruite dall'uomo non usano tale culto per obiettivi di sopraffazione e conquiste politiche e militari.

L'antropologo sottolinea i benefici che l'uomo potrebbe trarre dal culto di Dio: " *a) la società umana ha sviluppato un programma religioso con un Dio creatore, provvidenziale, giusto è buono che salva l'uomo dal sogno della morte; b) il computer cerebrale dell'uomo fin dall'infanzia assimila questo programma con meccanismi emozionali di adattamento e pressione; c) dal momento in cui l'uomo ha acquisito questo programma, riceve una grande energia psichica e, indirettamente, fisica ogni volta che parla con Dio, confida e lui, ne sente l'amore, la protezione l'amicizia".*

Come risulta ben chiaro il culto di un Dio che ha le caratteristiche indicate è espressione di uno dei programmi inseriti per via bio-culturale nel software del cervello che va poi a soddisfare alcuni bisogni fondamentali dell'uomo quale la conoscenza del tutto, la sicurezza, la certezza di un paradiso e della sopravvivenza, la costante protezione nelle azioni quotidiane.

Anche per il codice religioso inserito nel software bio-culturale del cervello esiste un controllo emozionale come per tutti gli altri codici culturali che corredano il software.

Il codice religioso che è stato costruito fin dalla infanzia non rimarrà indifferente se il comportamento del soggetto sarà difforme dalle linee tracciate dalla forza dei valori che costituiscono il corpus del credo religioso.

Peccati, anatemi, sensi di colpa, rimorsi, paure ma poi solitudini o peggio condanne morali e fisiche saranno le sanzioni irrogate dal computer cerebrale.

Le sensazioni emotive ci saranno anche quando la società è tollerante.

L'antropologo Jàuregui riporta il seguente esempio: *"Una mia studentessa nata ed educata all'interno della Chiesa mormone, si sposò con un ebreo infrangendo le regole religiose dell'endogamia prescritta nel codice etico della sua confessione.*

Questa ragazza viveva felice e innamorata con il suo marito ebreo, ma era punita quotidianamente con ingenti sanzioni emozionali inflitte dal suo computer cerebrale programmato fortemente fin dall'infanzia al rispetto del codice mormone (per lei biomormone)".

Il dominio del sistema emozionale

A conclusione dell'esposizione di questa teoria che si avvale della metafora del computer l'antropologo ritiene di aver dimostrato quanto segue: *"Credo di essere riuscito a provare in questo lavoro (...) che esiste un sistema, quello emozionale, programmato nel computer cerebrale e regolato da leggi proprie e meccanismi biologici ineludibili.*

Grazie a questo ingegnosissimo sistema funzionano tutti gli altri, quelli fisici (respiratorio, digestivo, termico, ecc.) e quelli sociali (culinario, etico, religioso, ecc.)".

Grazie al sistema emozionale (nella vasta gamma piacere-dolore) si tengono sotto controllo sia gli apparati fisici naturali (funzioni e organi fisici per la conservazione della vita), sia gli organismi culturali e sociali frutto della creazione simbolico-culturale dell'uomo (sistemi politici, etici, religiosi, conoscitivi, ecc.)

Il controllo sugli apparati fisici naturali si esercita attivando le sfumature emozionali piacere-dolore; il controllo sugli organismi culturali e sociali si esercita attivando i diversi sentimenti legati all'autostima, all'autoaffermazione, al senso della vergogna e del ridicolo, al senso di colpa, al bisogno di sicurezza, ecc.

Questo sistema emozionale per un verso controlla tutti gli organismi fisici e culturali ma nello stesso tempo invia stimoli e muove la volontà o gli interventi necessari ad un centro misterioso che chiamiamo Soggetto inteso come sistema operativo centrale che nell'uomo raggiunge il massimo grado di consapevolezza e di efficienza operativa.

Che cosa sia questo centro operativo, cioè questo sistema di ordinazione con diversi gradi di consapevolezza nelle diverse specie di animali ci sfugge.

Per quanto riguarda l'uomo il professor Jàuregui si chiede: *"Cos'è questo Io misterioso, che sente, riflette, crede, crea, quando il computer cerebrale gli permette di stare sveglio? Non lo sappiamo"*.

Se è misterioso il problema dell'esistenza dell'Io-soggetto è però chiaro che il computer cerebrale con i suoi software di programmazione sono di natura genetica e dunque programmati da enti o forze misteriose che alcuni potrebbero chiamare Dio o Natura dotata di intelligenza eccezionale con capacità di programmazione.

L'antropologo si pone il problema del rapporto tra la Coscienza umana ed il suo sistema emozionale programmato geneticamente.

Ritiene che la vera essenza dell'uomo sia proprio la sensibilità (il sentire), quel complesso di emozioni con le quali si condiziona il Soggetto Cosciente il quale è "utilizzato" per così dire a svolgere quel compito di collaborazione con gli obiettivi collocati a priori nel computer cerebrale.

Scrive Jàuregui "Ciò che mi ha sorpreso e meravigliato più di ogni altra cosa in questo viaggio attraverso il cervello e la sua chiave delle sensazioni è l'aver compreso la ragione della loro esistenza: uno stupefacente sistema di informazione e di pressione che permette al Pilota Cosciente che sente di collaborare nel funzionamento dei sistemi fisici e sociali".

Quanto è libero il soggetto cosciente e senziente?

Secondo l'antropologo molto poco giacché questo soggetto senza rendersene conto dovrà collaborare per la realizzazione degli obiettivi

84

collocati a-priori da forze misteriose.

Chiarirà lo psicologo Maslow che quegli obiettivi si raggiungeranno rispondendo ai bisogni fondamentali collocati a priori (bisogni dell'area fisica sia i bisogni dell'area culturale e sociale).

Obiettivi innati espressi come bisogni fondamentali sono per l'uomo realizzare se stessi, sentirsi sicuri, avere affetti, voler conoscere cercare l'eticità nei rapporti umani, cercare il senso della vita e spingersi nelle sfere della metafisica e della religione.

Il soggetto cosciente e senziente è libero di ribellarsi agli obiettivi collocati a-priori nel piano genetico ma dovrà fare i conti con la frusta dei sentimenti: senso di colpa, paura della solitudine, condanna sociale, insoddisfazione, tormento, emarginazione ecc.

La conclusione del saggio di Jàuregui è di impronta decisamente Socratica: "Credo di avere capito il rapporto tra il computer (cerebrale), i sentimenti e il misterioso essere pensante e senziente ma non so cosa sia".

A proposito del Soggetto Essere pensante e Senziente scrive: "Ma la mia sorpresa più grande (...) è che il Soggetto, come spiega il suo significato etimologico (sub-iacere, giacere sotto) è assoggettato è retto da un governo di leggi ineludibili e da meccanismi rigidi e inevitabili».

Si potrebbe forse dissentire ma è certo che il mondo delle emozioni è quel mondo che ci spinge ad agire o ci frena. Credo che non siamo totalmente assoggettati ma che ci sia un margine di azione della nostra libera capacità di scegliere accettando anche la frusta punitiva del software che decide quando e come somministrare premi e punizioni.

Sulla natura, sull'essenza di questo soggetto parzialmente libero che ha nei suoi geni il progetto misterioso collocato "chissà da Chi" di autorealizzazione, l'antropologo ammette l'inconoscibilità "Non so cosa sia" dice ma sicuramente condanna l'Evoluzionismo Darwiniano e si affida allo slancio poetico e tragico dello scrittore Unamuno interprete di quel "Sentimento tragico della vita" che è la conoscenza di cui dispone l'uomo grazie alla quale sospendiamo la Ricerca Razionale e ci affidiamo alla Supplica disperata del Salmo III inciso come epitaffio sulla tomba di Unamuno: "Mettimi, Padre Eterno, nel tuo petto, misterioso focolare; dormirò lì, poiché arrivo distrutto da tanto affanno".

PARTE QUINTA

Il problema della Motivazione
ed i bisogni fondamentali della vita

Secondo la teoria di Jàuregui le emozioni hanno un potere determinante per la realizzazione di quel progetto complesso collocato geneticamente dalla Natura misteriosa (dotata di attributi divini misteriosi) nel Dna di ogni vivente.

Tutti i viventi animali e vegetali realizzano il progetto con svariate forme e modalità di comportamento interagendo con il mondo esterno.

Occorre però chiarire (per non cadere in un determinismo meccanicistico) che il comportamento di alcune specie di viventi è totalmente predeterminato ed è fisso in ogni tempo come ad esempio il comportamento delle api mentre per altre specie si osserva una capacità crescente di adattamento agli ambienti seguendo progetti comportamentali decisi dai singoli soggetti.

Il caso più tipico ed evidente è quello dell'uomo il quale ha la capacità di apprendere, di pensare, di comunicare e dunque di risolvere i problemi connessi alla conservazione della propria vita e della specie.

Le emozioni si legano ai software bio-naturali e a quelli bio-culturali e sollecitano o inibiscono comportamenti richiesti dai codici bio-naturali e quelli bio-culturali.

Nella scala filetica bassa il comportamento di risposta agli impulsi del software bio-naturale è predeterminato e per così dire confezionato interamente dalla Natura che costituisce a priori una catena di comportamenti che chiamiamo ISTINTO, insomma un algoritmo con precisi automatismi.

Mangiare, Riprodursi, difendersi, collaborare per il benessere della propria specie sono tutte funzioni che si svolgono secondo sequenze e ritmi predeterminati rigidamente scritti nell'ISTINTO.

Lo psicologo Maslow chiarisce le caratteristiche dell'istinto.

"L'istinto è un complesso innato e predeterminato di impulsi, di prontezza a percepire, di comportamenti strumentali, di abilità e di oggetti funzionanti da fini".

L'eventuale Centro di coordinazione operativa o Soggetto è puro esecutore inconscio di compiti stabiliti nei programmi genetici, di un software bio-naturale. L'ape si muove nel mondo esterno alla ricerca del nettare, produce miele, vola alla ricerca dei fiori, nutre l'ape regina con pappa reale, costruisce cellette esagonali perfette ma di tutte queste meravigliose attività non è cosciente, non può decidere una variazione di programma, comunica con le compagne con le danze geometriche ma non esiste un pilota dotato di capacità volitiva cosciente.

I suoi comportamenti sono proprio istintivi, ogni mossa è stata programmata ed il software è collocato nel Dna di ogni soggetto.

Il software bio-naturale dell'ape con il centro operativo soggettivo ha la razionalità di tutte le operazioni che saranno effettuate dalle migliaia di api ed è stato inserito a priori senza che le singole api ne abbiano coscienza.

Salendo la scala filetica delle specie di viventi animali si constata come i Centri di Coordinazione Operativa accrescano la loro capacità di autonomia e di consapevolezza ma collocandosi nel programma generale voluto dalla natura con obiettivi inseriti nei software bio-naturali di ogni specie.

Ci sono margini maggiori di consapevolezza mentre si affievolisce la forza meccanica dell'istinto.

Come sempre è dominante la componente emotiva che regola tutti i comportamenti bio-naturali che rispondono al codice programmati collocato nel software genetico bio-naturale.

L'Alba del software bio-culturale dll'uomo

Maslow nella sua opera sulla "Motivazione e Personalità" chiarisce che gli *"istinti scompaiono man mano che si sale nella scala filetica per essere sostituiti da una adattabilità basata su di una capacità* notevolmente *accresciuta di* APPRENDERE, PENSARE COMUNICARE".

Anche l'uomo come essere vivente biologico ha il suo software bio-naturale con il codice necessario per garantire la sopravvivenza.

È fustigato o gratificato "dalla frusta delle emozioni" perché collabori con la "Natura" rispondendo agli impulsi della fame, del freddo e caldo, del riprodursi del proteggere i piccoli ecc.

Come sempre i guardiani del progetto misterioso della Natura con il loro bagaglio di emozioni gratificano o puniscono se il Soggetto cosciente collabora o si oppone alla realizzazione del progetto di vita programmato a priori.

Secondo Maslow nell'uomo non si deve parlare di istinti quanto piuttosto di "residui istintuali". L'uomo "partendo da questi impulsi residuali di istinto deve apprendere il comportamento strumentale, le abilità, la percezione selettiva e gli oggetti che funzionano da fini".

La realizzazione dei programmi vitali codificati nel software bio-naturale (per dirla con le metafore di Jàuregui) che esigono la cosciente collaborazione del Soggetto uomo chiama in campo operativo la capacità di apprendere, quella di pensare, quella di comunicare e quella di agire sull'ambiente esterno.

Su queste attività infatti è sempre vigile il computer emozionale che partendo dagli impulsi iniziali (fame, sete, freddo, desiderio sessuale, ecc.) è attento a somministrare al Soggetto cosciente dosi diversificate di piacere o di frustrazione.

Le voci o gli impulsi espresse dalle varie istanze vitali per la conservazione della vita dell'organismo e della specie sono denominate dallo psicologo Maslow Bisogni Fondamentali.

Questi bisogni fondamentali di natura genetica, e dunque innati (espressione di un disegno collocato nel Dna, di ogni vivente, uomo) sollecitano l'intervento cosciente dell'uomo e sono codificati sia nel software bio-naturale che in quello bio-culturale.

Il software bio-naturale vigila sui bisogni vitali fondamentali mentre il software bio-culturale vigila sui bisogni simbolici culturali propri dell'uomo (simboli verbali, matematici, musicali, iconici, religiosi ecc.).

Maslow si pone il problema se tutti i bisogni detti fondamentali hanno un'origine genetica cioè innata.

È evidente che l'impulso della fame o della riproduzione abbiano un fondamento genetico ma possiamo dire la stessa cosa del bisogno di eticità, di religione, di arte?

Qualora si dimostrasse che anche i bisogni culturali e sociali, metafisici, artistici ecc. fossero di origine genetica e dunque universali potremmo concludere dicendo che tutti i bisogni fondamentali sia quelli materiali fisiologici, sia quelli sociali interpersonali come l'affetto, sia quelli superiori etici religiosi e artistici hanno un fondamento istintuale cioè genetico e perciò universale.

Maslow respinge sia le teorie ottimistiche (la natura è buona) sia le teorie pessimistiche secondo le quali la natura umana è fondamentalmente depravata e cattiva.

Maslow asserisce che la vita umana non sarà mai capita se non si terrà conto delle sue aspirazioni cioè lo sviluppo, l'autorealizzazione, lo sforzo di raggiungere la sanità, la ricerca dell'identità e dell'autonomia, il desiderio di eccellere. Queste aspirazioni sono universali e fanno parte di quel pacchetto di istanze che caratterizzano il progetto universale inserito nella natura umana.

Queste istanze, (prendendo a prestito i concetti di Jàuregui) sono controllate dal computer emozionale con la sua frusta di premi e castighi, frustrazioni e gratificazioni: cioè il complesso delle emozioni piacevoli o spiacevoli con le quali il computer cerebrale paga la collaborazione richiesta al Soggetto-Uomo volitivo e cosciente.

La formazione e l'istallazione
dei codici culturali
del software bio-culturale dell'uomo

Come risulta chiarito, il computer cerebrale è già programmato geneticamente (e quindi universalmente) per agire nella Realtà allo scopo di soddisfare le istanze avvertite grazie agli impulsi istintuali sia materiali che estetici, etici, religiosi ma sarà la volontà dell'uomo a cercare nella Realtà i mezzi, i modi, i tempi per giungere allo scopo sia materiale che morale culturale, ovviamente il computer emozionale provvederà a somministrare i quantitativi di piacere o di sofferenza a seconda dei risultati ottenuti a seguito degli sforzi volitivi.

La sollecitazione emozionale ad agire con gli impulsi istintuali costituisce proprio la motivazione dell'attività umana. Maslow classifica la motivazione in:

a) Motivazione Materialistica

b) Motivazione Sociale

c) Motivazione Suprema

I bisogni che potremmo rinvenire universalmente nel computer cerebrale di tutti gli uomini come segni di Programma Genetico collocato dalla natura o Divinità Misteriosa sono i seguenti:

Bisogni fondamentali

- bisogni fisiologici
- bisogni di sicurezza
- bisogno di affetto e di appartenenza sociale
- bisogno di stima e autostima
- bisogno di autorealizzazione
- bisogni etici ed estetici
- bisogno di conoscere
- ricercare il senso della vita
- ricerca dell'assoluto

Questi impulsi universali ai quali si accompagnano i premi ed i castighi con le frustrazioni o le gratificazioni pagate dal computer emozionale hanno però bisogno dell'intervento cosciente dell'uomo.

Per i programmi bio-naturali è necessario che l'attività cosciente e volitiva vigili perché l'eccesso o anche la mancanza di risposta allo stimolo del bisogno fisico danneggiano l'equilibrio della vita.

La costruzione dei programmi bio-culturali è il risultato di due protagonismi: quello sociale-culturale e quello individuale del singolo soggetto.

La società nel corso della storia ha sedimentato sistemi culturali con i suoi codici: sistema politico, quello etico, quello economico, quello estetico, quello religioso, quello scientifico tecnologico, quello giuridico, quello verbale, quello musicale, quello delle tradizioni e degli eventi sportivi ecc. ecc.

Tutti questi sistemi culturali che sono la manifestazione della capacità creativa simbolica dell'uomo hanno i loro codici di organizzazione e strutturazione interna con un lessico, una sintassi, un insieme di valori fondamentali, delle tecniche, delle regole, ma anche sanzioni.

Di tutto questo patrimonio culturale che la società mette a disposizione ogni singolo individuo può farne tesoro, se lo vorrà, se ne sarà capace, se possiede i requisiti e la spinta motivazionale.

L'incontro dei due protagonismi sia per immersione spontanea e talvolta inconscia (la prima infanzia nella quale si respira l'atmosfera culturale della propria "tribù" sociale di appartenenza), sia per successivi atti volitivi tesi alla comprensione culturale, renderà possibile la costruzione del software bio-culturale che ogni individuo installerà nel proprio computer cerebrale.

Incontro-scontro tra i software bio-naturale e bio-culturali con il soggetto volitivo cosciente

L'esposizione fin qui effettuata ha privilegiato l'aspetto anatomico della psiche, per così dire, bisognerà tentare, magari con prudenza, di affrontare l'aspetto fisiologico e dinamico delle varie componenti che interagiscono tra loro e con il Soggetto Cosciente.

Da questa lettura fisiologica della psiche si potrà capire meglio la costruzione della personalità di ogni soggetto, cogliere quello che gli psicologi chiamano il Carattere e poi, si potrebbe accennare al discorso della Patologia e della Nevrosi ed anche delle personalità fragili alla deriva di forze quasi inconsce.

La fisiologia psichica

L'attività vitale dell'organismo umano (quindi il suo aspetto fisiologico) si svolge in una continua interazione (per lo più cosciente) tra tre protagonisti:

a) Il complesso dei bisogni fondamentali collocati nel computer cerebrale sui due versanti software bio-naturale e quello bio-culturale;

b) La vasta gamma delle emozioni con le gratificazioni e le frustrazioni utilizzate per il controllo dello svolgimento dei programmi inseriti nel software del computer cerebrale;

c) Il Soggetto Cosciente e Volitivo che interagisce per realizzare i programmi ricevendo quantitativi di piacere o di frustrazioni e seconda del valore e dell'importanza dell'azione che si compie.

Il soggetto secondo l'antropologo Jàuregui sarebbe assoggettato a questo computer emozionale che tuttavia entro certi limiti può essere controllato e gestito dalla volontà libera del soggetto cosciente.

In che modo il computer emozionale può controllare lo svolgimento dei programmi del software bio-naturale e quello del software bio-culturale?

L'interlocutore del computer emozionale per lo svolgimento dei programmi del software bio-naturale (bisogni fondamentali materiali) è ovviamente il Soggetto Cosciente e Volitivo.

Valga come esempio la dinamica per il soddisfacimento del bisogno di cibo che viene rappresentata dal professor Jàuregui: *"Il cervello può comunicare allo individuo che deve mangiare e può cominciare a pressarlo scatenando una sensazione di fame, ma se l'individuo non gode della libertà di cancellare la sensazione di fame, può tuttavia disobbedire all'ordine e non mangiare".*

Come già è stato chiarito precedentemente il computer emozionale controlla anche lo svolgimento dei programmi del software bio-culturale quali il sistema etico, religioso, politico, sociale ecc.

Per tale forma di controllo si avvale di specifiche forme di sanzione di natura emozionale quali il sorriso, la derisione, il senso di colpa, la paura dell'emarginazione, il senso di vergogna, il rimorso.

Ovviamente questo computer emozionale sa somministrare anche gratificazioni quando il Soggetto ha un comportamento compatibile con i programmi bio-culturali installati nel software: l'apprezzamento sociale, la soddisfazione e l'autostima, il senso di sicurezza e di appartenenza al gruppo sociale, la speranza e la protezione, la forza morale, l'ottimismo. Nonostante questo complesso di gratificazioni e frustrazioni il Soggetto ha sempre un margine di autonomia decisionale e di libertà.

Potrà opporsi agli inviti del computer emozionale potrà ribellarsi ma ovviamente pagherà il conto con le sanzioni indicate.

Questo spazio di autonomia, di libertà di cui gode il soggetto è la condizione perché si formino la personalità ed il carattere e dunque il modo di essere dell'individuo.

La capacità di auto realizzarsi

È affidato al Soggetto Cosciente il compito di realizzare lo sviluppo, l'autorealizzazione, di effettuare lo sforzo per raggiungere la sanità, di ricercare l'identità e l'autonomia insomma di collaborare con il progetto della natura sotto la spinta del desiderio di eccellere come ben chiarisce Maslow.

Questi obiettivi fisici, mentali e spirituali esigono che il soggetto cosciente sappia agire con prudenza e piena consapevolezza dei fini muovendosi e navigando tra gli impulsi e sollecitazioni che derivano dal complesso dei bisogni codificati nel software bio-naturale e in quello bio-culturale.

Il soggetto tuttavia non è mero esecutore dei programmi cerebrali (materiali e culturali) che vengono protetti e stimolati dal computer emozionale con la doverosa somministrazione dei gradi di piacere o di frustrazione.

Pur non essendo totalmente autonomo il Soggetto ha tuttavia il potere di dialogare e negoziare con il computer cerebrale emozionale. Il suo spazio di manovra è sicuramente limitato per i bisogni materiali del software bio-naturale ma è molto più ampio per intervenire dialetticamente sui programmi del software bio-culturale.

Sull'impulso della fame c'è un margine di intervento molto ristretto rispetto al margine di manovra sul sistema etico, religioso, artistico, linguistico ecc. del software bio-culturale.

Il difficile compito della formazione della personalità e del carattere chiede che il Soggetto nel corso del processo formativo strutturi nel software bio-culturale interessi culturali, codici etici, valori sociali talmente robusti che lo aiutino a realizzarsi nei contesti sociali e lavorativi nonostante i pericoli, le seduzioni, i rischi che provengono dalle tante sirene che cantano con la voce di quei bisogni egocentrici che apparentemente somministrano forti dosi di piacere.

Si sta parlando insomma della motivazione del comportamento umano e della capacità del Soggetto di saper selezionare gli interessi, di saper perseverare nello sforzo, di saper controllare e valutare i rischi, i benefici, di saper individuare le proprie attitudini e potenzialità, di saper interagire nel contesto sociale senza farsi del male, di coltivare valori utili a sé ed alla società e così via.

Queste operazioni richiedono una lunga formazione e mettono in continuo rapporto dialettico il computer cerebrale emozionale con il Soggetto volitivo cosciente che dovrà imparare a costruirsi una scala gerarchica di compiti e di attività per mettere ordine ai moltissimi impulsi di bisogni materiali e culturali che interagiscono e spesso confliggono perché alcuni di essi pagano lire di piacere o frustrazioni molto differenti tra loro.

Una bella mangiata è più gratificante di una severa preparazione atletica in vista di una gara sportiva; una stuzzicante scappatella amorosa è più appagante di una coerente condotta rispettosa dei valori coniugali; un guadagno economico facile e talvolta con mezzi illeciti è più stimolante rispetto ad un modesto guadagno conseguito con un lavoro che chiede perseveranza e sacrificio e spesso tempi molto lunghi.

Di fronte alle seduzioni delle varie sirene sociali occorre imparare a dare la priorità e la propria disponibilità per conseguire gli obiettivi che permettono di realizzare la propria individualità strutturata intorno a Valori e Ideali robusti.

In questa maniera si costruisce la personalità di un nocchiero che guida la navigazione della vita conoscendo le sensazioni emotive (con pene e paure) poste dalla società e dalla propria coscienza emotiva strutturata con i codici etici del software bio-culturale accettando quelle lire di piacere che verranno pagate in cambio della stima sociale, autostima, autoaffermazione culturale, affetti.

Non a caso Maslow parla di giovani che dovranno diventare savi perché dovranno essere aiutati per autorealizzarsi.

In maniera dettagliata e illuminante Maslow spiega le condizioni di una vera autorealizzazione con una personalità matura e serena.

I giovani non sono savi:

- "Se non hanno autonomia e auto identità;

- Se non hanno avuto il tempo di sperimentare una relazione amorosa duratura, leale, autentica;

- Se non hanno trovato ancora la loro vocazione cioè un altare su cui sacrificare se stessi;

- Se non hanno realizzato un loro proprio sistema di valori;

- Se non hanno avuto esperienza responsabilità verso gli altri, tragedie, insuccessi, successi da poter abbandonare l'illusione perfezionistica e divenire realistici;

- Se non hanno fatto pace con la morte;

- Se non hanno appreso ad essere pazienti;

- Se non hanno ancora imparato abbastanza sul male che può essere in loro stessi e negli altri;

- Se non sono capaci di compatire gli altri.

Questo quadro che riassume le caratteristiche e i limiti della condizione giovanile offre ovviamente gli obiettivi e i compiti che dovranno svolgere i giovani in collaborazione con i contesti educativi della società per costruire la personalità sana e perciò strutturare il proprio carattere.

Questo difficile lavoro di costruzione del carattere per la formazione della personalità è la sola strada maestra che garantisce lo sviluppo della Intelligenza Emozionale e dunque la capacità di controllare gli eventuali eccessi scatenati dal computer cerebrale emozionale che tormenta il soggetto cosciente con le sue promesse di piacere e lo frena con la minaccia delle frustrazioni fisiche (dolore) o psichiche (sensi di colpa, paura, rimorso, vergogna ecc.).

Il soggetto dovrà dunque imparare a controllare i propri impulsi soddisfacendo i bisogni necessari indispensabili e vantaggiosi per la sua salute fisica e mentale ma nello stesso tempo coltivare attività fisiche e valori culturali e sociali che danno sostanza al desiderio di affermarsi socialmente, sviluppando tutto il potenziale educativo di cui dispone.

PARTE SESTA

Educazione dell'intelligenza emozionale

La formazione del carattere
e della personalità per l'autorealizzazione
e lo sviluppo dell'intelligenza emozionale

La lettura critica delle ragioni indicate da Maslow circa la fragilità della personalità nei giovani ci consente di prendere coscienza del bombardamento emozionale cui essi sono sottoposti nel corso della loro formazione. I molteplici bisogni fondamentali potrebbero lanciare i loro impulsi promettendo quantitativi di piacere a seconda del "densimetro del desiderio" non regolato dal Soggetto.

Per evitare il rischio di lasciarsi travolgere dalla provocazione di un bisogno sugli altri occorre perciò aiutare il giovane a strutturare una scala gerarchica di priorità di alcuni bisogni sugli altri ed imparare il dosaggio dell'appagamento e quindi la capacità di sapersi controllare magari in vista di bisogni più elevati incentivati da valori socialmente condivisi. Secondo Maslow i tanti bisogni che si affacciano con i loro impulsi motivazionali per spingere il soggetto ad agire sono tra loro interagenti così *"un individuo che percorre tutto il processo del desiderio sessuale - scrive lo psicologo - può darsi che cerchi di realizzare la stima di sé più che una gratificazione sessuale"*.

I tanti bisogni non li possiamo collocare atomisticamente sullo stesso piano di importanza e di urgenza.

A seconda della volontà, capacità, scelte valoriali, contesti sociali, scelte culturali pregresse del soggetto alcuni bisogni divengono più urgenti grazie a cariche motivazionali che costringono il soggetto a strutturare una scala gerarchica dei bisogni fondamentali.

Accade che il bisogno creativo artistico di un poeta o un pittore o musicista o religioso mette in subordine il bisogno materiale di cibo o riposo facendo prevalere il software bio-culturale rispetto a quello bio-naturale.

Questa semplice constatazione ci conferma che l'essere umano con un adeguato processo formativo può e anzi deve sviluppare l'Intelligenza Emotiva e dunque Controllare le cariche emotive che talvolta producono i sequestri emozionali talmente violenti che scatenano azioni anche criminali.

Natura umana
(Sviluppo e Regressione)

Si apre dunque il problema pedagogico della formazione del Soggetto cioè della maturazione della sua personalità e dunque del Carattere.

Psicologi e Pedagogisti parlano di un processo educativo favorito dall'offerta di occasioni sociali, culturali e operative che consentono di realizzare la cosiddetta natura dell'uomo.

Quale potrebbe essere la natura dell'uomo?

Maslow parla del mito "Eupsichico" ritenendo che l'uomo sano ha il compito di far crescere l'Essenza della propria Natura individuale cercando di scongiurare il rischio della patologia psichica.

Lo psicologo parla di una struttura psicologica essenziale. Di questa struttura fanno parte i bisogni, le capacità le tendenze.

Maslow afferma che queste componenti strutturali hanno sia una base genetica, peculiare, sia un'origine sociale.

Questi convincimenti sollecitano la società e l'individuo ad intraprendere il compito educativo.

Il progetto deve consistere nel favorire il processo di realizzazione della Natura Umana presente in ogni individuo, nello attualizzare le potenzialità e nel raggiungere la maturità valorizzando tutte le risorse e i talenti presenti nella natura umana di ognuno.

È stato chiarito che l'essenza della natura umana non si raggiunge con la sola educazione della Razionalità ma lavorando intensamente sui processi emozionali avendo scoperto che ogni impegno in direzione del soddisfacimento dei bisogni fondamentali viene compensato sia con le lire di piacere sia con le sofferenze emotive della frustrazione.

Il grande compito di autorealizzazione che deve svolgere il Soggetto è quello di far maturare il proprio Carattere mettendo ordine nel complesso e interagente mondo dei bisogni.

"Non si vive di solo pane" ha detto qualche saggio ed infatti ogni uomo scopre presto che ci sono bisogni più importanti di altri ed anzi sono così importanti che la loro perdurante frustrazione ha un effetto psico-patologico.

Nell'elenco dei bisogni fondamentali proposto da Maslow alcuni sono sicuramente più importanti. Al primo posto si colloca il bisogno di affetto e amore poi il bisogno di sicurezza. Sembra che questi bisogni siano più impellenti e importanti dei bisogni fisiologici.

Le ricerche compiute da Maslow e gli studi di altri autori mettono in evidenza i processi psichici patologici legati alla deprivazione e frustrazione di alcuni bisogni fondamentali.

Non tutte le deprivazioni e frustrazioni conducono alla psicopatologia e quindi alla nevrosi. Maslow affronta la questione parlando della teoria della minaccia. Se la deprivazione come negazione del soddisfacimento di un bisogno non conduce immediatamente alla nevrosi però questo avverrà quando la deprivazione è vissuta come minaccia alla personalità.

Le deprivazioni che più facilmente conducono alla psicopatologia sono ad esempio la negazione della sicurezza, la negazione dell'amore, della stima, dell'autoaffermazione.

Nel dettaglio Maslow indica alcune situazioni che più facilmente conducono alla nevrosi:

- Frustrazione dei bisogni fondamentali fisiologici e dei bisogni elevati;
- minaccia alla vita;
- Minaccia all'integrità generale dell'organismo;
- Minaccia al controllo fondamentale del mondo da parte dell'organismo;
- Minaccia ai valori ultimi.

Si deve subito chiarire che non tutti gli organismi reagiscono alla stessa maniera nelle varie situazioni suscettibili di minaccia.

Dobbiamo sempre mettere in conto il fattore soggettivo del temperamento.

Psico-patologia	
in conclusione potremmo sintetizzare le situazioni di minaccia portatrici di psicopatologia. Si ha patologia quando l'individuo:	
1.	lo si priva di cose importanti per lui (cibo, sicurezza, amore, stima, autorealizzazione);
2.	gli si chiede di fare qualcosa che non può fare;
3.	è in condizioni di grave malattia e si compromette l'integrità dell'organismo;
4.	ha predisposizioni temperamentali.

La consapevolezza delle situazioni di sofferenza che favoriscono l'insorgenza della nevrosi ci deve far comprendere le cause per le quali i progetti pedagogici (tesi a favorire processi di formazione della personalità e quindi di autorealizzazione) molto spesso sono destinati al fallimento quando i soggetti del processo educativo hanno un "vissuto" con esperienze di situazioni familiari e sociali nelle quali è stato frustato lo slancio creativo.

La formazione del carattere

Tutti sanno che il Temperamento ha l'origine genetica mentre il Carattere è la risultante di un complesso di forze sia di origine temperamentale sia di provenienza ambientale (fisica, sociale, culturale, ecc.).

Appartiene alla scuola e a tutte le agenzie educative il compito di aiutare i giovani a costruire il proprio carattere ed affrontare il difficile percorso della autorealizzazione nel mondo sociale.

Se ogni giovane riesce, con la collaborazione delle istituzioni educative della società, a costruirsi un carattere strutturato intorno ai principi ideali, a valori universali utili al processo di autorealizzazione allora potrà affrontare con maggior forza volitiva e capacità di discernimento le difficoltà e le seduzioni della vita.

Ovviamente gestirà meglio la vita emotiva senza lasciarsi travolgere dagli eccessi e dalle turbolenze delle passioni travolgenti.

Il Carattere diventa sempre più solido per affrontare le difficoltà se si è strutturato intorno a ideali e principi etici e religiosi o culturali che danno energia e significato alla volontà operativa del Soggetto.

Probabilmente nessuno è immune completamente dai rischi del tralignamento comportamentale sotto la pressione e le seduzioni emotive e passionali che derivano da quegli impulsi che somministrano molti e forti premi di piacere e talvolta rendono pigri il Soggetto.

L'autoaffermazione ed i successi professionali e la stima sociale richiedono sacrificio e rinunce.

I valori ideali aiutano ad affrontare la fatica delle rinunce dei piaceri immediati in vista di risultati nobili futuri. Solo un severo allenamento atletico garantisce gli allori della vittoria.

Senza approfondire il discorso psicologico sul carattere forse è giovevole riprendere alcune osservazioni e definizioni tratte dal trattato pedagogico dei Renè Hubert: *"Il carattere è la forma concreta nella quale si esprime, in ciascun individuo, l'esigenza della sintesi totale", "La stabilità del carattere si esprime non con la permanenza nelle situazioni ma con la permanenza delle tendenze. Se l'individualità effettivamente si definisce come un certo modo di apprendere e di sentire l'esistenza essa si manifesta con un certo atteggiamento generale o, se si vuole, una certa costanza di atteggiamenti particolari e successivi nei riguardi dell'esistenza".*

È particolarmente significativo e di grandissima attualità il passo del libro nel quale l›autore denuncia i limiti e le miopie dei sistemi educativi scolastici europei i quali danno esclusiva importanza all'educazione dell'intelletto cognitivo ignorando l'importanza dell'educazione affettiva: *"La società, infine, - egli dice - essendo meccanismo, non attribuisce la stessa importanza ad ogni forma o ad ogni grado della sintesi (per la costituzione del carattere); più che all'intimità della struttura si interessa alle manifestazioni della personalità e per questo, nella costituzione del carattere attribuisce maggiore importanza alle qualità intellettuali, pratiche e morali che non alle vere e proprie qualità affettive e richiede all'uomo di apparire più che di essere".*

La nota esplicativa collocata in calce alla pagina chiarisce che la società dovrebbe farsi carico proprio di questa struttura intima della personalità che si sostanzia di una cultura estetica, dell'educazione del sentimento dell'amore, di un'alta cultura religiosa. Questo tipo di educazione favorisce e alimenta la vita dello Spirito.

PARTE SETTIMA

Verso la programmazione curricolare
della scienza del sé

Premessa psicopedagogica

L'obiettivo fondamentale che la scuola si propone di raggiungere con i suoi interventi sul processo educativo è collaborare con i giovani perché in ogni studente avvenga l'autorealizzazione e dunque lo sviluppo pieno di tutto il potenziale creativo di cui si dispone.

Auto realizzarsi significa utilizzare pienamente i propri talenti e tutte le potenzialità di cui ogni individuo dispone.

L'autorealizzazione non è un processo automatico è invece un risultato faticoso che si raggiunge con l'azione continua del soggetto che potrà utilizzare le opportunità superando i condizionamenti dell'ambiente e talvolta subendo i danni ricevuti dalle relazioni umane e dalle situazioni oggettive culturali ed economiche di quel momento storico.

Maslow ricorda che la *"sanità dell'adulto è prodotta dalla mancanza di minacce durante l'infanzia"* la percezione della minaccia del soggetto si patisce per la perdita di alcune gratificazioni legate ai bisogni fondamentali di sicurezza, appartenenza, amore, rispetto, autostima, bisogni di conoscenza.

La condizione ottimale per conseguire l'obiettivo dell'autorealizzazione è sentirsi sicuri, non avere ansie, sentirsi accettati, sentirsi amati, essere degni di rispetto.

Scrive Maslow *"la frustrazione dei bisogni fondamentali che crea mi-*

naccia alla percezione di sé necessariamente crea patologia, compromette e inibisce lo sviluppo della auto realizzazione finale".

Tutti i docenti e gli operatori educativi dovrebbero avere ben chiara una essenziale tavola riassuntiva dei fattori che hanno la forza di limitare l'azione pedagogica delle istituzioni scolastiche e che potrebbero condurre alla situazione di psico-patogenesi.

Sono dunque fattori di minaccia alla percezione di sé i seguenti:	
1.	SOFFERENZA PROLUNGATA (legata alla fame, il freddo, il dolore fisico ecc.)
2.	PERDITA DI SICUREZZE (Paure)
3.	PERDITA E LIMITAZIONE DI AMORE
4.	DISISTIMA PUBBLICA E PERSONALE
5.	CARENZA DI CONOSCENZE
6.	IMPEDIMENTI ALL'AFFERMAZIONE DI SÈ ALLO SVILUPPO DELLE POTENZIALITÀ ESPRESSIVE
7.	DEMOLIZIONE DELLE POTENZIALITÀ ESPRESSIVE DELLA PERSONALITÀ

La conoscenza del quadro dei fattori che causano patologia psichica rende consapevole le scuole della difficoltà che potrebbero incontrare nella progettazione di un curricolo scolastico. Tale consapevolezza sollecita gli operatori scolastici alla collaborazione con quei soggetti sociali e familiari che hanno potere di influire sui processi educativi dei giovani.

Nella concretezza della realtà non si troveranno fortunatamente molti studenti con esperienze pregresse di grave sofferenza e frustrazione nei bisogni fondamentali tuttavia non tutti i giovani vivono condizioni sociali e familiari di completa positività, molti hanno avuto esperienze di una qualche deprivazione e turbamento emotivo che condizioneranno negativamente i normali e felici processi formativi.

Una ricognizione prudente e riservata della situazione esistenziale degli studenti è sicuramente vantaggiosa per una più mirata e individualizzata programmazione curricolare che i docenti avranno il dovere di predisporre all'inizio di un percorso formativo scolastico. Detto questo per onestà e consapevolezza professionale è utile conoscere i risultati delle ricerche degli studi effettuati dello psicologo Maslow sulle caratteristiche comportamentali e caratteriali di quelle persone che hanno la fortuna di raggiungere l'obiettivo felice della autorealizzazione.

A noi sembra opportuno notare che il modo di essere, di comportarsi e di sentire di questa fortunata categoria di soggetti che si auto realizzano dovrebbe essere esaminato per una comprensione maggiore.

Quali sono i tratti che connotano queste personalità fortunate?

La prima caratteristica è la capacità di percepire la realtà in maniera corretta senza farsi condizionare dal pregiudizio e dal desiderio. Le persone sane non si lasciano turbare da ciò che è ignoto caotico e dubbioso.

La persona che si auto realizza si accetta nonostante i propri limiti e non si lascia condizionare da sensi di colpa, ansia, vergogna. I nevrotici hanno avversioni e disgusto. Dice Maslow che sono assenti alcuni modi di essere quali *"l'affettazione, l'inganno, l'ipocrisia, la finzione, il voler impressionare gli altri"*. Gli eventuali sensi di colpa affiorano in presenza di alcuni difetti quali: la pigrizia, l'offesa agli altri, la perdita della calma, la gelosia, l'invidia, la carenza culturale.

La motivazione dominante delle persone che si autorealizzano è lo sviluppo del carattere e la ricerca della felicità.

Altra caratteristica è l'attenzione costante verso i problemi esterni che riguardano gli altri, come la famiglia, la nazione, l'umanità. Non c'è una visione egocentrica.

Le persone che si auto realizzano sono mosse più dal bisogno di sviluppo che da quello di mancanza (cibo, averi, onori, stima sociale. Costoro si dedicano al canto, alla poesia, all'arte, alla danza, ecc.). Le persone motivate dai bisogni di mancanza non possono fare a meno degli altri (bisogno di amore, di sicurezza, di rispetto, di prestigio, di appartenenza). Tutte le persone che si auto realizzano hanno avuto già tutto questo e sono in grado di rinunciare agli onori, alla popolarità, alle ricompense. Vogliono lo sviluppo personale e la crescita interiore.

Hanno il sentimento di ottimismo e di gratitudine; apprezzano i beni fondamentali della vita; nelle valutazioni mettono rispetto e piacere.

Le persone che si auto realizzano hanno relazioni interpersonali profonde di maggiore amore. Sono persone gentili verso tutti; "Amano o piuttosto compatiscono tutta l'umanità" sono poco propense all'adulazione che potrebbero ricevere.

Non accettano la derisione delle persone più fragili. È prevalente l›atteggiamento riflessivo prudente.

Risulta più marcata la creatività spontanea e ingenua che nei molti viene inibita nel corso della esistenza.

Sono persone più autonome che non si lasciano facilmente condizionare dalle mode e non accettano facilmente la convenzionalità appariscente.

In conclusione le persone che si auto realizzano secondo Maslow *"hanno una accettazione filosofica della natura del loro io, della natura umana di gran parte della vita sociale e della natura della realtà fisica"*.

Questa visione direi irenica della vita consente a questa categoria di pensare di avere un *"rapporto gradevole con la realtà, un sentimento di comunione con gli altri, un senso di soddisfazione fondamentale"*.

Probabilmente questa categoria di persone non annovera una massa di cittadini ma gli obiettivi educativi implicitamente sottesi potrebbero essere oggetto di attenzione per indicare le mete da raggiungere con la programmazione curricolare.

Queste potrebbero essere le mete suggerite:

- Gratificazione equilibrata ed essenziale dei bisogni fondamentali;

- Strutturazione di un carattere sorretto da un nucleo valoriale forte;

- Maturazione di un Centro volitivo cosciente e operativo;

- Capacità di relazionarsi con l'ambiente umano e fisico;

- Atteggiamento di fiducia e di ottimismo verso il mondo;

- Capacità di gestire la vita emotiva senza lasciarsi travolgere da passioni distruttive evitando i sequestri emozionali;

- Impegno e apprezzamento del mondo espressivo artistico e culturale;

- Ricerca della vera essenza del vivere...tutto questo potrebbe essere un'agenda di lavoro per il progetto curriculare della scuola.

PARTE OTTAVA

Approccio scientifico allo studio delle emozioni.
La paura come causa delle patologie psichiche

Si è visto come ci si possa affacciare al tema della psicopatogenesi partendo dalla situazione di minaccia percepita dal soggetto in presenza di particolari e durature frustrazioni dei bisogni fondamentali: la minaccia alla vita, perdita di sicurezza, affetti, deprivazione di cibo ecc.

È ovvio che alla percezione della minaccia si associa il sentimento della paura: ne deriva che il discorso della psicopatogenesi si lega al discorso della paura.

Quando la paura è la costante emozionale il Soggetto cosciente e volitivo perde le sue capacità di controllo e di lucida analisi e comprensione della realtà divenendo perciò succube delle nevrosi e fobie e pregiudizi fino al grado della schizofrenia con la perdita del contatto con la realtà.

La base neurologica della paura e delle emozioni

Gli studi più recenti sul cervello hanno dimostrato l'esistenza della sede fisica neurologica di tutte le emozioni: la parte del cervello chiamata amigdala è specializzata nelle questioni emozionali.

Scrive il ricercatore Daniel Goleman *"Negli esseri umani l'amigdala è un gruppo di strutture interconnesse a forma di mandorla, posto sopra il tronco cerebrale vicino alla parte inferiore del sistema limbico. Ci sono due amigdale, una su ciascun lato del cervello.*

L'ippocampo e l'amigdala erano due parti fondamentali del rinencefalo che nel corso della filogenesi diede origine alla corteccia primitiva e poi alla neuro corteccia.

Oggi queste strutture limbiche compiono gran parte del lavoro di apprendimento e memorizzazione svolto al cervello;

L'amigdala è specializzata nelle questioni emozionali. Se viene resecata dal resto del cervello, il risultato è una evidentissima incapacità di valutare il significato emozionale degli eventi: condizione che viene a volte indicata con l'espressione cecità affettiva".

Dice ancora Goleman *"l'amigdala funziona come un archivio della memoria emozionale ed è quindi depositaria del significato stesso degli eventi; la vita senza l'amigdala è un'esistenza spogliata di significato personale".*

Volendo effettuare un collegamento tra la teoria psicologica e filosofica dell'antropologo Jàuregui con lo studio scientifico del cervello potremmo senz'altro collocare il sistema emozionale che accompagna i software bionaturale e bioculturale (per somministrare dosi di piacere o di sofferenza emozionale) nell'area del cervello del Sistema limbico o meglio nelle strutture dell'amigdala.

Quest'area cerebrale dialoga e talvolta è in rapporto dialettico con quel Centro volitivo cosciente che è il Soggetto e che trova come sede cerebrale la Neocorteccia deputata a svolgere la funzione pensante argomentativa e decisionale cosciente.

Poiché l'amigdala è la sede della vita emotiva e ovviamente della paura dovremmo conoscere le modalità di funzionamento dei circuiti neuronali dell'amigdala, le sue interazioni con la Neocorteccia e infine dovremmo essere consapevoli della modalità di controllo (se sarà possibile) della Neocorteccia sulle emozioni scatenate dall'amigdala.

L'educazione della intelligenza emozionale si prefigge lo scopo di prevenire i tanti guasti causati dalle esplosioni emotive definite "sequestri emozionali" e di promuovere quelle energie positive che consentono al soggetto di potersi esprimere e realizzare i propri progetti affermando creativamente la propria personalità.

Situazione di paura e amigdala

È interessante conoscere le azioni che compie l›amigdala in presenza di situazioni di paura.

Scrive Goleman: "Quando scatta l'allarme della paura l'amigdala invia messaggi di emergenza a tutte le parti principali del cervello:

Stimola la secrezione degli ormoni che innescano la reazione di combattimento o fuga;

Mobilità i centri del movimento;

Attiva il sistema cardiovascolare, i muscoli e l'intestino;

Altri circuiti che si dipartono dall'amigdala segnalano l'ordine di secernere piccole quantità di noradrenalina un ormone che aumenta la reattività delle aree chiave del cervello comprese quelle che rendono più vigili i sensi mettendolo in uno stato di allerta;

Altri segnali dell'amigdala ordinano al tronco cerebrale di far assumere al volto un'espressione spaventata, di bloccare i movimenti già intrapresi dai muscoli, di accelerare la frequenza cardiaca e innalzare la pressione sanguigna, rallentando nel contempo il respiro;

I sistemi mnemonici corticali vengono riorganizzati per richiamare ogni informazione utile alla situazione di emergenza contingente".

Le situazioni di paura frequenti creano sicuramente dei guasti sulla psiche fino a disturbi psicotici permanenti.

Goleman scrive: "Le paure ingiustificate sono la rovina della vita quotidiana e ci procurano sofferenze dovute ad una grande varietà di preoccupazioni, all'angoscia e in casi patologici agli attacchi di panico, alle fobie e al disturbo ossessivo-compulsivo".

Il sequestro emozionale

Nelle situazioni di paura l'azione repentina dell'amigdala ha il potere di sospendere la capacità della Neocorteccia: il centro decisionale, lucido e razionale. Quando l'intervento dell'amigdala è di forte intensità siamo in preda all'emozione violenta che annulla il potere di analisi e comprensione degli eventi. In questa situazione avviene il drammatico fenomeno del sequestro emozionale.

Quando siamo sotto il sequestro emozionale operato dall'amigdala perdiamo la capacità razionale che ci deriva dalla Neocorteccia. La ricerca scientifica sui circuiti neuronali delle emozioni e delle interazioni con la neocorteccia è stata effettuata dello scienziato Le Doux. (Joseph Le Doux, "Sensory System and Emotion" ed anche "Emotion and the Limbic System Concept").

Goleman nella sua opera segnala le ricerche del neuroscienziato Le Doux per dimostrare in che modo l'Emozione soffoca la Razionalità: "Le Doux scoprì che l'architettura del cervello conferisce all'amigdala una posizione privilegiata in qualità di sentinella delle emozioni capace, all'occorrenza, di "sequestrare" il cervello.

La sua ricerca ha dimostrato che nel cervello gli input sensoriali provenienti dall'occhio o dall'orecchio viaggiano dapprima diretti al Talamo e poi (servendosi di un circuito monosinaptico) all'amigdala; un secondo segnale viene poi inviato dal Talamo alla neocorteccia (il cervello pensante).

Questa ramificazione permette all'Amigdala di cominciare a rispondere prima della neocorteccia; quest'ultima infatti elabora le informazioni attraverso vari livelli di circuiti cerebrali prima di poterle percepire in modo davvero completo ed iniziare infine la risposta che risulta quindi più raffinata rispetto a quella dell'amigdala (...)

I segnali che prendono la via diretta passante per l'amigdala corrispondono ai sentimenti più primitivi e potenti; la conoscenza di questo circuito è di grande aiuto per spiegare la capacità dell'emozione di soffocare la Razionalità".

Ritornando alla metafora dell'antropologo Jàuregui che individua un computer emozionale con i suoi programmi emozionali ed un Soggetto di natura misteriosa con capacità logica, analitica, razionale e volitiva potremmo forse collocare le due entità filosofiche nelle parti del cervello di cui si sta parlando cioè l'Amigdala e la Neocorteccia sede della Razionalità.

Si conferma sul piano scientifico l'intuizione filosofica delle due entità cerebrali che hanno nello stesso tempo forme di Autonomia e Poteri di interazione reciproca.

Il sistema emozionale dice Le Doux può agire indipendentemente dalla neocorteccia.

Si potrebbero avere ricordi e repertori di cui non si ha mai avuta coscienza perché depositati nella memoria dell'amigdala senza essere passati attraverso il filtro della Consapevolezza della neocorteccia. Si spiega dunque anatomicamente l'esistenza di un Inconscio Cognitivo che prima ancora del piano della consapevolezza decide il grado di piacevolezza o simpatia di un dato sensoriale.

Scrive Goleman "Le nostre emozioni hanno una mente che si occupa di loro e che può avere opinioni del tutto indipendenti da quelle della mente razionale".

Le memorie emozionali sono archiviate nell'Amigdala.

L'attivazione dell'amigdala
e le reazioni grossolane

I ricordi archiviati nei cassetti dell'amigdala non hanno medesima intensità emotiva: se l'evento è stato particolarmente denso di carica emotiva positiva o negativa sarà maggiormente ricordato. La carica emozionale che accompagna l'evento archiviato nell'amigdala non viene definitivamente collocato nell'oblio ma condizionerà l'esperienza presente e futura insomma l'emotività del passato influenzerà la classificazione emotiva delle esperienze presenti a tal punto da produrre persino situazioni patologiche quando l'intensa emozione frustrante ha disturbato fortemente l'equilibrio del Soggetto Cosciente.

La capacità di condizionare il presente da parte di forti emozioni del passato è tanto più forte e patogenetica quanto più tenera è l'età in cui si subisce qualche trauma psichico.

Questo ci dice che la prima infanzia è estremamente importante ai fini di una formazione serena del carattere e della personalità.

Nella memoria dell'amigdala potrebbero essere state archiviate esperienze traumatiche con grande valenza emozionale che potrebbero disturbare il comportamento dell'adulto. Di queste esperienze passate il Soggetto potrebbe non averne coscienza perché l'assenza delle parole prodotte dalla Neocorteccia non consente di metabolizzare e annullare la carica dirompente dell'emotività prodotta dall'amigdala.

Scrive Goleman "In questo primo periodo della vita altre strutture cerebrali in particolare l'ippocampo (che è fondamentale per la memoria narrativa e la neocorteccia) sede del pensiero razionale devono ancora svilupparsi completamente".

Mancano dunque le parole per rievocare gli eventi traumatizzanti del passato ma rimane la carica emozionale violenta che condiziona il comportamento presente.

La lezione che genitori, insegnanti e operatori dell'infanzia dovrebbero ben ricordare è che il rapporto emozionale con il minore e soprattutto nella prima infanzia condiziona il benessere relazionale nella maturità potendo causare guasti comportamentali.

La considerazione conclusiva che propone Goleman è la seguente: "Uno dei motivi che spiega come mai siamo così sconcertati dalle nostre esplosioni emozionali è che esse spesso hanno radici in un periodo molto precoce della nostra vita quando le cose ci sbalordivano ma non avevamo ancora le parole per descriverle. I ricordi che scatenano tali esplosioni possono suscitare sentimenti caotici ma non possono evocare parole".

Quando parliamo delle esplosioni di collera o di reazioni violentissime per eventi anche futili (come un sorpasso un gestaccio a una parola di oltraggio) dobbiamo sapere che l'esplosione emotiva non è commisurata alla valutazione razionale che potrebbe effettuare la neocorteccia del soggetto cosciente "L'amigdala può reagire con un delirio di collera o di paura prima che la corteccia sappia che cosa sta accadendo e questo perché l'emozione grezza viene scatenata in modo indipendente dal pensiero razionale, e prima di esso".

Si possono controllare le emozioni?

I sequestri emozionali con il violento intervento dell'amigdala che va a travolgere la capacità analitica e decisionale del Soggetto (con sede nella neocorteccia cerebrale) non sono comunissimi. In questi casi sarà necessario l'intervento farmacologico e quello analitico dello psicologo. Nella quotidianità della vita si registra un normale e continuo interscambio tra il mondo emotivo e quello razionale, tra il cuore e la mente di ogni uomo.

Ogni evento, ogni situazione non è mai totalmente razionale ed esente da interventi della vita emotiva. L'emotività scandisce (tutti o quasi) i momenti di vita ed anzi come scrive Goleman quasi tutte le decisioni e azioni hanno bisogno di attingere alla memoria emozionale depositata nell'amigdala.

Il collegamento e la via di accesso ai due mondi (quello razionale e quello emotivo) è costituito dal circuito neuronale che collega i lobi prefrontali della neocorteccia all'amigdala.

È stato dimostrato che la mente razionale per le sue decisioni ha bisogno dei sentimenti che spingono il soggetto ad agire. In conclusione non esiste solo l'intelligenza razionale ma anche quella emotiva che dà il significato e la spinta all'azione razionale.

I circuiti di collegamento tra il mondo emozionale e quello razionale permettono alla sfera razionale di poter frenare in qualche modo l'intensità della scarica emozionale liberata dall'amigdala.

Chi decide gli interventi regolatori della intensità emozionale?

Occorre distinguere due condizioni comportamentali: quella della normalità usuale e quella eccezionale del sequestro neurale.

Nella normalità del comportamento avviene costantemente il confronto e il condizionamento reciproco tra il circuito limbico con l'amigdala e la neocorteccia prefrontale. Questo continuo scambio consente il raggiungimento di un equilibrato comportamento nel quale le varie emozioni che accompagnano le molteplici situazioni di vita vengono valutate, moderate, insomma gestite senza una particolare carica di violenza.

Scrive Goleman: "Ricorderete che la maggiore proiezione delle informazioni sensoriali provenienti dal talamo non è diretta all'amigdala ma alla neocorteccia e ai suoi molti centri deputati alla ricezione e alla comprensione di quanto viene percepito; quell'informazione e la nostra risposta ad essa sono coordinate dai lobi prefrontali dove le azioni vengono programmate e organizzate in vista di un obiettivo, ivi compresi quelli emozionali.

Se è necessaria una risposta emozionale i lobi prefrontali la dettano lavorando in stretta collaborazione con l'amigdala e gli altri circuiti".

Nella normalità del comportamento i lobi prefrontali della neocorteccia dopo aver ricevuto dal talamo le molteplici informazioni sensoriali le valutano, le selezionano, le utilizzano per organizzare risposte efficaci in vista di una finalità e se sarà necessario, si rivolgono all'amigdala e ad altri circuiti per ottenere risposte emotive più o meno intense.

I lobi prefrontali sono quasi sempre attivi per valutare il rapporto rischio-beneficio di ogni risposta.

Questo intenso lavoro di valutazione analisi, ricerca, decisione del fine, messa in opera di risposte emotive esige nel corso del processo educativo una lunga e puntuale preparazione sia della sfera Razionale che della sfera Emozionale. Ovviamente su questa area bisognerà agire efficacemente con progetti educativi allo scopo di aiutare i giovani a sviluppare le capacità di autocontrollo esercitandoli a gestire la mente Emozionale tenendola in equilibrio con la mente Razionale.

Negli animali la valutazione del rapporto rischio - beneficio consiste fondamentalmente nel decidere se e quando attaccare, quando darsi alla fuga.

"Questa valutazione per noi esseri umani ci deve far decidere quando attaccare, quando darsi alla fuga ed anche quando calmarsi, persuadere, cercare comprensione, tergiversare, provocare sensi di colpa, piagnucolare, indossare una maschera di spavalderia, essere sprezzanti e così via, attraverso l'intero repertorio degli artifici emozionali".

Il sequestro emozionale

Nello svolgersi della vita normale assistiamo all'equilibrato rapporto tra la mente Razionale e quella Emotiva includendo nella normalità le tante curve sinusoidali con gli alti e bassi della densità emozionale. Talvolta in alcuni soggetti si verificano esplosioni parossistiche della densità emozionale tanto intense da tenere sotto scacco le capacità della ragione di far chiarezza della situazione e trovare risposte equilibrate e vantaggiose per il Soggetto.

Dice Goleman "Tali esplosioni emozionali sono una sorta di sequestro neurale. Sembra che in quei momenti un centro del sistema limbico dichiari lo stato di emergenza imponendo a tutto il resto del cervello il proprio impellente ordine del giorno. Il colpo di mano avviene in un attimo innescando la reazione alcuni istanti prima che la neocorteccia (il cervello pensante) abbia avuto la possibilità di comprendere appieno ciò che sta accadendo".

Dal punto di vista neurologico il sequestro emozionale sarebbe generato dal seguente meccanismo: I segnali che afferiscono al cervello attraverso i sensi (visivo, uditivo, ecc.) si dirigono tutti alla zona del Talamo e da questo all'Amigdala con tragitto immediato successivamente giungono alla neocorteccia per le operazioni di valutazione analisi ecc. L'amigdala è depositaria della memoria emozionale e perciò ha tracce in sé degli eventi associati a frustrazioni, minacce, gratificazioni. Grazie a questo archivio emozionale quando giungono nuove informazioni sensoriali l'amigdala rapidamente svolge la sua funzione di sentinella psicologica "che scandaglia ogni situazione e ogni percezione sempre guidata da un unico interrogativo il più primitivo - È qualcosa che odio? Qualcosa che mi ferisce? Qualcosa che temo?

Se la risposta è affermativa (…) l'amigdala con una sorta di grilletto neurale reagisce telegrafando un messaggio di crisi a tutte le parti del cervello".

Quali saranno dunque le conseguenze dell'allarme diramato dall'amigdala?

La risposta è sempre dirompente: Il comportamento immediato, irruento, impulsivo e irrazionale con conseguenze gravissime inopportune è determinato dai seguenti processi biochimici descritti da Jerome Kagan di New York: "Quando scatta l'allarme della paura l'amigdala invia messaggi di emergenza a tutte le parti principali del cervello: stimola la secrezione degli ormoni che innescano la reazione di combattimento o fuga, mobilità i centri del movimento e attiva il sistema cardiovascolare, i muscoli e l'intestino.

Altri circuiti che si dipartono dall'amigdala segnano l'ordine di secernere piccole quantità di noradrenalina un ormone che aumenta la reattività delle aree chiave del cervello, comprese quelle che rendono più vigili i sensi, mettendolo così in uno stato di allerta.

Altri segnali emessi dall'amigdala ordinano al tronco celebrare di far assumere al volto un'espressione spaventata, di bloccare i movimenti eventualmente intrapresi dei muscoli, di accelerare la frequenza cardiaca e di alzare la pressione sanguigna rallentando nel contempo il respiro".

Queste ed altre reazioni provocano dunque il sequestro di gran parte del cervello e particolarmente la Mente Razionale che ha sede nei lobi prefrontali della Neocorteccia.

La violenta reazione emotiva blocca la lucidità razionale della Neocorteccia.

Quando nella memoria emozionale dell'amigdala si sono archiviate esperienze di minaccia con gravi turbamenti emotivi (violenze, deprivazioni minacciose ecc.) è molto probabile che alcune nuove esperienze e informazioni potrebbero richiamare alla memoria esperienze di sofferenza e di minacce passate e dunque spingere l'amigdala a far reagire il soggetto nella maniera parossistica del passato. "Perché l'amigdala dichiari lo stato di emergenza basta che solo pochissimi elementi della situazione presente ricordino quelli di una passata circostanza pericolosa".

Scrive Goleman "A scatenare la reazione irrazionale dell'amigdala potrebbero intervenire persino i ricordi della prima infanzia se ad esempio il piccolo avesse subito traumi da percosse o da abbandoni e trascuratezze".

La virulenza di questi ricordi della prima infanzia dipenderebbe dal fatto che la maturazione del cervello preposto a dare parole alle esperienze cioè l'Ippocampo è molto più lenta di quella dell'Amigdala.

Spiega lo scienziato Le Doux che "l'Ippocampo è fondamentale per riconoscere in un volto quello di tua cugina. Ma è l'Amigdala ad aggiungere che ti è proprio antipatica".

Le probabili dinamiche
nei casi di sequestri emozionali

La frequenza con cui si verificano i sequestri emozionali è collegata probabilmente a due dinamiche:

In primo luogo la memoria emozionale della Amigdala che conserva in archivio le tracce di eventi traumatizzanti e minacciosi per l'integrità della persona (violenze, deprivazione gravi inibizioni ecc.);

In secondo luogo la mancata attivazione dei processi neocorticali. Questa attivazione presuppone che il soggetto abbia sviluppato nel corso della sua storia formativa la capacità di freno emotivo che è prerogativa della neocorteccia "Sembra che l'interruttore neurale fondamentale che spegne le emozioni negative sia il lobo prefrontale sinistro".

Condizione di normalità e di patologia nella vita emozionale
La diversa intensità di emozioni negative: ansia, collera, malinconia

Quando parliamo di normalità della vita con tutti i suoi problemi, gli stati d'animo alterni, i momenti di euforia, di malinconia, di ansia, di qualche intemperanza collerica intendiamo escludere quei sentimenti di estrema intensità con proprietà distruttive. Si parla dunque di quella grigia mediocrità senza turbolenze emotive destabilizzanti.

Si passa invece al piano della sofferenza patologica quando l'ansia è una condizione di vita costante, quando la collera deborda e produce danni e talvolta fatti criminali o quando la malinconia diviene depressione.

In queste condizioni di patologia si dovrà far ricorso alle cure farmacologiche e alle psicoterapie.

Tralasciando l'approfondimento dell'insorgenza patologica della emotività il tema della collera è stato particolarmente studiato dallo psicologo americano Dolf Zillmann dell'Alabama.

Uno dei fattori che scatenano questa condizione emotiva sarebbe la sensazione di trovarsi in pericolo.

Fattori della collera

Il segnale di pericolo non è solamente la minaccia fisica ma anzi è più spesso la minaccia all'autostima e alla dignità della persona. Il trattamento ingiusto, i modi sgarbati, gli insulti, le limitazioni, le frustrazioni per gli insuccessi o gli impedimenti a raggiungere degli obiettivi sono le cause più frequenti delle esplosioni della collera.

Ma quali sono le dinamiche neuronali che si verificano per produrre gli stati d'animo della collera?

La dinamica della collera

La percezione di pericolo scatena una tempesta nel sistema limbico e produce un doppio effetto nel cervello. Vengono rilasciate le catecolamine cioè la noradrenalina, l'adrenalina e la dopamina. Queste sostanze inducono "un'onda rapida ed episodica di energia come dice Zillmann, quel tanto che basta per una singola, energica, azione di combattimento e di fuga".

Il secondo effetto per l'intervento dell'amigdala e delle ghiandole surrenali consiste in una condizione tonica che predispone all'azione ed è di lunga durata.

La conclusione è che gli stress di qualunque natura creano uno stato generale di attivazione corticosurrenale favorendo la facile attivazione dello stato collerico.

Più siamo stressati maggiormente indisponibili alla pazienza e alla tolleranza. Quando il cervello emozionale viene dunque sollecitato dalle situazioni di stress e di minaccia esso trasforma la sofferenza e l'ira in violenza se non interviene il freno della ragione.

Lo psicologo Zillmann suggerisce che uno dei metodi efficaci per smorzare la collera e frenare la frequenza di pensieri ostili è la distrazione.

È difficile, dice Zillmann, restare in collera quando si offrono momenti piacevoli. L'attività fisica contribuisce a dissipare la collera.

Lo psichiatra Redford Williams suggerisce che un buon metodo è anche mettere per iscritto i pensieri critici e ostili non appena si presentano.

Sviluppare l'intelligenza emotiva

Cervello Emozionale e cervello Razionale sono due realtà che in ogni momento della vita entrano in relazione: tra di loro interagiscono, si condizionano reciprocamente. Il cervello emozionale somministra la vasta gamma di stati d'animo ora di gratificazione ora di frustrazione seguendo programmi innati o culturali ma in questa dialettica il Soggetto Cosciente è sollecitato dai suoi tanti bisogni che (con intensità emotiva differenziata) chiedono di essere soddisfatti. Dei bisogni fondamentali (elencati da Maslow) non si può fare a meno: alcuni hanno una tale forza di richiesta da condurre alla patologia se non si provvede all'appagamento. Come visto, non ci sono esclusivamente i bisogni fisiologici materiali ma anche i bisogni di affetto, di sicurezza, di espressione di sé, di autostima, di stima sociale ecc.

L'urgenza dei diversi bisogni non sempre si manifesta in modo equilibrato ed inoltre il loro appagamento non sempre è garantito e talvolta neppure vantaggioso per il bene delle persone.

Compito dell'educazione è quello di far crescere la capacità di controllo emozionale mettendo le energie emotive anche al servizio del progetto di sviluppo armonico della personalità.

È noto a tutti il fatto che i turbamenti emotivi interferiscono con la vita mentale e le forti emozioni negative costringono il soggetto a dirigere l›attenzione sulle proprie preoccupazioni.

In questa situazione di turbamento emotivo è molto difficile che ci si possa concentrare su un'attività *"Nell'individuo che sta vivendo un divorzio lacerante - o nel figlio di una coppia che sta facendo quella esperienza - la mente non si sofferma a lungo sulla quotidiana routine lavorativa o scolastica, che al confronto appare banale; nel paziente clinicamente depresso i pensieri di autocommiserazione e disperazione, la mancanza di speranza e il senso di impotenza hanno la precedenza su tutti gli altri".*

Lo psicologo Goleman alla luce delle ricerche effettuate da vari scienziati chiarisce: *"Quando le emozioni sopraffanno la concentrazione viene annientata la memoria di lavoro che ha sede nella corteccia prefrontale dove si incontrano sensazioni ed emozioni. Quando i circuiti del sistema limbico che affluiscono alla corteccia prefrontale sono in preda alla sofferenza emotiva, a rimetterci è proprio l'efficienza della memoria di lavoro".*

Controllo emozionale

La necessità del controllo emozionale si invoca maggiormente considerando che nella quotidianità della vita reale siamo costretti a moderare e tantissime esigenze e spesso dover convivere con l'incalzare di tante frustrazioni e delusioni in rapporto alle aspettative ed ai progetti che strutturano la personalità.

Molto spesso la vita ci presenta situazioni di stress: delusioni negli affetti, improvvisi fatti drammatici, malattie improvvise, perdita di sicurezza nella carriera lavorativa, mancata realizzazione di progetti, eventi sociali che modificano sicurezza e condizione economica, insomma una complessità di fatti che vanno a minacciare quell'integrità fisica, morale, affettiva, esistenziale sulla quale si fonda l'equilibrio razionale ed emotivo della nostra vita.

Già nella mitologia classica si parlava della precarietà, del rischio, della minaccia che accompagnava la quotidianità del vivere.

Malattie, turbamenti vari e follie di ogni genere costituiscono quasi il tessuto esistenziale della condizione dell'uomo.

Nel mito del vaso di Pandora come antidoto a tante calamità si può trovare un solo sentimento che potrebbe aiutare l'uomo a sopportare, cioè la speranza. Con le miserie della vita dobbiamo farci i conti: se vogliamo continuare a vivere non dobbiamo lasciarci travolgere né dalla violenza distruttiva né dalla disperazione e depressione.

L'Intelligenza Emotiva che cresce con la capacità di controllare le emozioni dovrà crescere navigando fra Scilla della Violenza e Cariddi della Disperazione.

L'autocontrollo è la virtù fondamentale che connota l'intelligenza emozionale. Secondo Goleman "saper resistere agli impulsi" è la capacità psicologica più importante.

"A livello di funzione cerebrale la capacità di resistere all'impulso emotivo e bloccare il movimento incipiente si esprime nell'inibizione dei segnali inviati dal sistema limbico alla corteccia cerebrale".

La capacità di frenare i propri impulsi è alla base di molti sforzi che compie l'adulto quando decide ad esempio di mettersi a dieta o seguire un corso di studi o raggiungere un difficile obiettivo che richiede rinunce e sacrifici.

Occorre notare che il possesso di un elevato grado di potenziale intellettivo senza la capacità di frenare gli impulsi emotivi non garantisce alcun successo. Nel linguaggio di tutti i giorni parliamo di Intelligenza che deve essere guidata dalla Volontà.

L'Intelligenza emotiva è dunque la capacità di regolare e bloccare l'impulso emotivo in vista di un obiettivo che richiede sforzo, determinazione, perseveranza, concentrazione.

È stato dimostrato che l›ansia condiziona negativamente ogni prestazione ed è stato osservato che il temperamento frutto del patrimonio genetico in parte giustifica la maggiore o minore predisposizione ad un comportamento ansioso.

"I bambini timidi, ipotizza Kagan hanno probabilmente ereditato livelli cronicamente elevati di noradrenalina o di altri neurotrasmettitori cerebrali che attivano l'amigdala e che creano pertanto una bassa soglia di eccitabilità".

Questi bambini timidi e facilmente eccitabili sono soggetti al rischio di entrare in una condizione di ansia e rischiare le crisi di panico. Nonostante il condizionamento (che pur esiste per la natura genetica del soggetto) si può affermare che il temperamento non è destino perché si può (per così dire) calmare l'amigdala eccitabile per temperamento.

Gli studi di Kagan indicano la modalità per aiutare i giovani a superare la condizione di timidezza: *"Con le esperienze adatte è possibile calmare un'amigdala ipereccitabile. Ciò che fa davvero la differenza sono le risposte emotive che i bambini apprendono mentre crescono.*

Per il bambino timido, ciò che conta al principio, è il modo in cui viene trattato dai genitori e quindi il modo in cui impara a gestire la propria naturale timidezza. I genitori che escogitano per i propri figli graduali esperienze incoraggianti, offrono loro quello che può considerarsi un duraturo rimedio per le loro paure".

Secondo gli studi di Kagan nessuna qualità umana è completamente refrattaria al cambiamento.

Questa certezza ci induce a cercare continuamente strategie per modificare e migliorare il comportamento umano.

"L'inclinazione alla paura - o qualunque altro tipo di temperamento - può essere una delle basi innate della nostra vita emotiva; ciò nonostante noi non siamo necessariamente costretti ad attenerci a un repertorio emozionale così specifico impostoci dai nostri tratti ereditari (...) Come spiegano i genetisti, i geni da soli non bastano a codificare il comportamento (...) Le nostre capacità emotive innate non sono definitive, ma possono essere migliorate con l'apprendimento, purché ci vengano impartite lezioni giuste".

Poiché il cervello è un organo che continua a forgiarsi per tutta la vita, le esperienze nell'ambiente (con le cose e le persone) consolidano, costruiscono collegamenti sinaptici che modificano i condizionamenti del temperamento; d'altra parte l'assenza di esperienze con il passare del tempo inibisce alcune funzioni *"grazie a un processo noto come "pruning"* (potatura) il cervello perde effettivamente le connessioni neuronali meno usate.

In conclusione possiamo affermare che l'esperienza, soprattutto nell'infanzia, scolpisce il cervello.

"Nel corso del processo formativo del giovane, dalla prima infanzia in poi, si effettua la scultura sinaptica con tutte le connessioni, le abitudini acquisite da bambini vengono installate nella cablatura sinaptica fondamentale dell'architettura neurale".

Ci sono fattori positivi e negativi che facilitano o danneggiano la struttura sinaptica e dunque la vita emotiva e il comportamento umano:

"Le esperienze critiche comprendono il livello di dedizione e di sensibilità che genitori mostrano nei confronti delle esigenze dei figli, le opportunità e la guida offerta al bambino per imparare a gestire i propri turbamenti e a controllare gli impulsi e l'esercizio dell'empatia".

I fattori negativi sono altrettanto determinanti ai fini della scultura del carattere del giovane. *"Per lo stesso motivo, la trascuratezza o i maltrattamenti, la de-sintonizzazione di un genitore troppo egoista o indifferente o ancora una brutale disciplina possono lasciare il segno su circuiti emozionali"*

Imparare a calmarsi

Il Soggetto Cosciente e Volitivo che ha sede nell'area della corteccia frontale del cervello ha il compito quotidiano di non lasciarsi travolgere dalla caotica irruenza delle emozioni e di poter seguire un itinerario equilibrato e prudente facendo i conti con le frustrazioni che derivano dalle difficoltà ambientali e relazionali le quali rendono difficile il soddisfacimento dei bisogni fondamentali. Non è facile tenere sotto controllo l'emotività quando ad esempio vediamo compromesso il nostro mondo di affetti o le nostre sicurezze materiali e psicologiche.

Senza arrivare alle situazioni estreme dei sequestri emozionali è però necessario acquisire la capacità di calmarsi. Con quali risorse, quale preparazione pregressa, con quali strategie?

Dobbiamo sempre tenere a mente i due poli negativi della navigazione emotiva: da una parte la collera fino alla violenza fisica e verbale dall'altra l'apatia e la depressione.

Ricordando che in fondo al vaso di Pandora gli dèi concedono agli uomini solo la Speranza per affrontare le sofferenze e le frustrazioni della quotidianità abbiamo tutti il compito educativo di alimentare questo sentimento.

I benefici di questo sentimento sono stati indicati da Goleman: *"Sperare significa non cedere a un'ansia tale da sopraffarci, non assumere atteggiamenti disfattisti o non arrendersi alla depressione di fronte a imprese difficili o all'insuccesso. In effetti, nel perseguire i propri obiettivi le persone capaci di sperare sono meno soggette alla depressione, meno ansiose e soffrono meno sul piano emotivo".*

Le persone che acquisiscono la capacità di sperare hanno una percezione di sé stessi positiva che gli psicologi chiamano "self-efficacy" cioè hanno la convinzione di poter avere il controllo sugli eventi della propria vita e quindi di poter accettare le sfide quando si presentano.

Avere dunque il senso di "self-efficacy" aumenta la probabilità di saper usare meglio tutte le proprie capacità.

Le persone che hanno la capacità di sperare sono maggiormente capaci di gestire le situazioni emotive e dunque hanno una maggiore capacità di attivare il freno razionale dei lobi prefrontali per calmare l'eccitabilità dell'amigdala responsabile di stimoli emotivi prorompenti.

Nel corso del processo formativo è fondamentale imparare ad attivare meccanismi e strategie per calmarsi e moderare i flussi emozionali imparando fin dall'infanzia ogni modalità per consolarsi continuando la funzione consolatoria che svolgerà la mamma nella prima infanzia quando il bimbo vive situazioni di paura.

Educare il sentimento della speranza per rasserenare e smorzare la virulenza delle emozioni

È opportuno spendere qualche parola di riflessione sui fattori che facilitano ma anche ostacolano la formazione del senso della speranza come sentimento di base nell›affrontare problemi e situazioni della vita quotidiana.

Avere un'inclinazione alla speranza è in fondo, un atteggiamento generale nei confronti della vita, significa credere nelle proprie risorse e interpretare il mondo con un certo grado di ottimismo accettandolo ed essere disposti a continuare a lottare contro tutte le eventuali avversità.

Questo sentimento diffuso è il risultato di tantissimi fattori che hanno operato nella psicologia dell'individuo.

Senza voler minimizzare il fattore temperamentale di origine genetica ci sono stati tanti fattori che sono intervenuti nel corso della formazione:

- il fattore salute
- il fattore fisico ambientale con il complesso di gratificazioni e frustrazioni (fame, freddo, avversità, pericoli, ecc.)
- il fattore relazionale affettivo familiare, amicale, professionale
- le possibilità offerte ad ogni persona di avere successo nelle opportunità di autorealizzazione

- il fattore idealità e valoriale con i convincimenti etici, religiosi ed estetici
- il fattore accoglienza del gruppo e stima sociale
- il fattore cultura con il nutrimento culturale, la frequentazione, la creatività
- il fattore scacco, insuccessi ecc.

Questi ed altri fattori hanno agito e continuano ad agire per la costituzione di un sentimento di sé ed una percezione negativa o positiva della realtà nella quale si vive.

Si potrebbe pensare al concetto filosofico della Weltanschauung una concezione del mondo che è un misto di sentimento diffuso e spiegazione razionale o mitologica del tutto che ci circonda.

Il sentimento diffuso e pervasivo della speranza trova un valido aiuto nelle codificazioni ideologiche o religiose le quali inglobano il senso della vita individuale nel progetto superiore delle codificazioni ideologica o religiosa.

In questa collocazione il singolo soggetto è pervaso dalla carica affettiva e progettuale offerta dal disegno ideologico e religioso.

Quando avviene l'adesione al disegno superiore dell'ideologia o della religione si entra nel campo della fede.

È appena il caso di affermare che è sempre buona cosa aiutare giovani a strutturarsi una concezione della vita che non preveda il sacrificio della vita o la totale subordinazione della persona individuale al progetto ideologico o religioso che potrebbe annullare addirittura la singola persona.

Lo sviluppo democratico e laico della persona esige l'autorealizzazione e la sana partecipazione alla vita sociale senza intolleranze e conflitti esasperati o cruenti.

Si potrebbe dire che la costituzione del sentimento della speranza coincide con il lungo processo formativo che conduce alla costruzione del carattere della persona.

È ancora di estrema attualità la riflessione che il pedagogista e filosofo Renè Hubert già rettore della Accademia di Strasburgo effettuava nel suo Trattato del 1963.

"Ogni uomo è veramente se stesso non in questo o quel sentimento particolare ma soltanto nell'insieme e nell'evolversi di tutte le disposizioni affettive con cui si manifesta, di tutti gli interiori atteggiamenti che assume nei confronti delle cose, degli altri esseri di se stesso e dell'esistenza in generale.

(...) è questa sintesi di un reale che si chiude ad ogni istante su sé stesso e di un possibile che nello stesso istante si apre al richiamo del futuro, che costituisce il momento attuale del carattere".

Ogni realizzazione del presente è il frutto dell'atteggiamento generale con cui il Soggetto opera nella realtà delle cose e delle persone.

L'impronta affettiva con cui si interpreta la realtà è decisiva per gli esiti delle azioni: quanto più è carica di ottimismo e di speranza tanto maggiore è la probabilità di riuscire accettando le difficoltà e gli eventuali insuccessi.

L'impronta della filosofia idealistica che caratterizza lo studio del pedagogista Hubert mette in luce la forza condizionante delle esperienze del passato sulla operatività del presente ma si volge al futuro con un sentimento di forza e di speranza.

Se la maturazione del sentimento globale della speranza e dell'atteggiamento ottimistico sono così importanti ai fini dell'autorealizzazione e della sana costituzione del carattere di ogni persona gli operatori scolastici potranno collaborare per il successo formativo degli studenti tenendo presente alcune considerazioni minime ma importanti:

Ogni giovane viene a scuola con la sua storia familiare e sociale culturale pregressa durante la quale ha sperimentato frustrazioni e gratificazioni, ha ricevuto condizionamenti vari pertanto la scuola dovrà agire sapendo che i ragazzi non hanno tutti lo stesso vissuto, né lo stesso grado di successo, né le stesse sicurezze, né le stesse aspirazioni o aspettative. Tutto ciò consiglia di organizzare un itinerario scolastico differenziato senza illudersi che gli apprendimenti e le conoscenze possano effettuarsi senza il condizionamento del mondo affettivo nel quale è immerso ogni studente;

È buona indicazione didattica pedagogica partire dalla valorizzazione dei punti di forza che caratterizzano i diversi studenti;

Ricordarsi che l'efficacia del percorso didattico si misura con l'entusiastica partecipazione dello studente perché sappia utilizzare sia le capacità intellettive sia i processi e gli atteggiamenti emotivi;

Guardarsi sia dal rischio della frustrazione che mortifica lo slancio e la creatività ma anche non cedere al facile populismo demagogico che non esige sforzo e partecipazione operativa. Ogni giovane ha qualche talento! Bisogna scoprirlo, alimentarlo, valorizzarlo, facilitando il successo e la stima sociale!

- Offrire occasioni favorevoli per la socializzazione e la collaborazione intorno a progetti comuni;

- Dare spazio ad iniziative spontanee individuali o di gruppo con lo scopo di liberare la creatività e la fantasia

- Liberarsi dal pregiudizio secondo il quale la scuola dovrebbe curare esclusivamente l'educazione e l'esercizio della Razionalità;

- Educare i giovani alla solidarietà sociale come esercizio per comprendere l'importanza dell'etica e del valore della vita;

- Trarre dal mondo della letteratura e della poesia le testimonianze artistiche della grandezza dei sentimenti che rendono bella ancorché impegnativa e difficile l'avventura della vita di ognuno in armonia con gli altri e con la natura;

- Utilizzare prodotti culturali come la musica e l'arte non solo allo scopo di apprendimenti di carattere nozionistico o scientifico ma per affinare il gusto del bello e i sentimenti evocati dalle produzioni artistiche;

- Guidare giovani alla lettura dell'anima degli altri sorretti dalla capacità empatica, aiutandoli nell'esercizio di provare le emozioni degli altri rappresentando le situazioni e le condizioni esistenziali degli altri;

Tutti gli operatori educativi dovrebbero offrire opportunità di sfogo emotivo ai ragazzi attraverso colloqui riservati per poterli aiutare a leggere il proprio mondo interiore e farlo rasserenare suggerendo compiti che mettono in azioni concrete le risorse migliori di ognuno;

I docenti dovrebbero essere ben consapevoli di un quadro allarmante della situazione emotiva di una popolazione crescente di giovani che chiaramente mostra segnali di malessere emozionale.

Il quadro riportato da Goleman è il seguente.

MALESSERE EMOZIONALE	
CONDIZIONALE EMOTIVA	COMPORTAMENTO
CHIUSURA IN SÉ STESSI	Preferenza a restare soli rimuginare in silenzio, essere privi di energia, sentirsi infelici, dipendere dagli altri.
ANSIA E DEPRESSIONE	Nutrire troppe paure, avere il bisogno di essere perfetti, non sentirsi amati, sentirsi nervosi o tristi.

DIFFICOLTÀ NELL'ATTENZIONE E NELLA RIFLESSIONE	Incapaci di restare seduti e tranquilli, fantasticare occhi aperti, agire senza riflettere, avere risultati scolastici scadenti, avere pensieri fissi.
AGGRESSIVITÀ	Litigare spesso, mentire e imbrogliare, trattare gli altri con cattiveria, pretendere attenzione, distruggere gli oggetti degli altri, disobbedire a casa e a scuola, essere testardi e di umore mutevole, parlare troppo, prendere in giro gli altri, avere un temperamento collerico, frequentare ragazzi che si cacciano nei guai.

Tutti gli operatori educativi dovrebbero dare testimonianza della loro stessa capacità di relazionarsi con tutti i ragazzi nel segno del rispetto, dell'attenzione alle problematiche individuali, dimostrando efficacemente che la persona, la dignità di ogni ragazzo sono al di sopra dei risultati o successi scolastici o delle fortune sociali degli studenti;

I docenti non dovrebbero mai sentirsi soddisfatti del loro lavoro e della programmazione didattica se non ci saranno progetti mirati per la maturazione della intelligenza emozionale offrendo a tutti occasioni di crescita della alfabetizzazione emozionale.

PARTE NONA

Il Curriculum della scienza del sè

Suggerimenti concreti per redigere un curriculum della cosiddetta scienza del sè o maturazione della intelligenza emozionale

Le difficoltà soggettive e oggettive che ogni giovane incontrerà per strutturare il proprio carattere, ed anche la molteplicità dei fattori e delle condizioni che intervengono nel corso dello sviluppo e del processo formativo ci suggeriscono prudenza nel redigere piani di programmazione curricolare sia nel graduare la scala di priorità degli obiettivi, sia nell'indicare le strategie, sia nelle aspettative per il raggiungimento di determinati risultati comportamentali nei tempi prefissati.

L'atteggiamento del docente dovrebbe dunque essere flessibile e nello stesso tempo attento a riorganizzare una sequenza curricolare con offerte formative sempre più calibrate sulle reali possibilità dello studente e dei risultati ottenuti nei vari step.

Questa premessa è necessaria prima di offrire i suggerimenti operativi per stilare una programmazione della Scienza del sé finalizzata allo sviluppo della Intelligenza Emozionale.

Come in altre parti è stato detto l'Intelligenza Emozionale è fondamentale per la costruzione di un saldo carattere di ogni persona per affrontare la vita reale nel contesto della società democratica.

L'intelligenza emotiva scrive Goleman è fondamentale per lo sviluppo del carattere come prerequisito della sana convivenza sociale.

"La base del carattere è la disciplina; la vita virtuosa si basa:

Sull'autocontrollo, come i filosofi (a partire da Aristotele) hanno sempre osservato.

Un altro caposaldo del carattere è la capacità di motivare e guidare sé stessi in ogni azione del fare i compiti, al portare a termine un lavoro (...)

La capacità di rinviare la gratificazione e di controllare e incanalare i propri impulsi ad agire è un'abilità emozionale fondamentale (la volontà)

(...) La capacità di accantonare gli impulsi egoistici presenta benefici sociali: apre la strada all'empatia, all'ascolto degli altri, all'assunzione della prospettiva altrui!

L'empatia porta alla benevolenza, all'altruismo e alla compassione.

L'alfabetizzazione emozionale va di pari passo con la formazione del carattere, con l'educazione alla crescita morale e con l'educazione civica".

È chiaro dunque che i valori etico morali civili culturali non sono materia di uno studio intellettivo ma esperienze di vita vissuta e applicazioni di sentimenti etici culturali nella quotidianità della vita reale.

La raccomandazione che Goleman rivolge a tutti gli insegnanti è quella di insegnare non solo il nutrimento dell'intelletto con i vari saperi delle materie di studio ma anche:

- i modi essenziali per controllare la collera;
- i modi per risolvere positivamente conflitti;
- insegnare l'empatia;
- il controllo degli impulsi e degli altri aspetti che corredano la competenza emozionale.

Secondo i ricercatori Karen F. Stone e Harold Q. Dillehunt gli obiettivi formativi del curriculum della scienza del sé ai fini della maturazione della intelligenza emozionale sono i seguenti:

CURRICULUM DELLA SCIENZA DEL SÉ	
OBIETTIVI FINALI	COMPITI OPERATIVI
ESSERE AUTOCONSAPEVOLI	Osservare se stessi e riconoscere i propri sentimenti; costruire un vocabolario per i sentimenti; conoscere il rapporto tra pensieri, sentimenti e reazioni.
DECIDERE PERSONALMENTE	Esaminare le proprie azioni e conoscere le conseguenze; sapere se una decisione è dettata dal pensiero o dal sentimento; applicare queste idee a questioni quali il sesso e la droga.
CONTROLLARE I SENTIMENTI	"Colloquiare con sé stessi" allo scopo di cogliere messaggi negativi come le autodenigrazioni; capire cosa c'è dietro un sentimento (ad esempio il senso di offesa che è sotteso alla collera); trovare modi di controllare le paure e le ansie, la collera e la tristezza!
CONTROLLARE LO STRESS	Imparare il valore dell'esercizio, dell'immaginazione guidata e dei metodi di rilassamento.
COMUNICARE	Parlare dei sentimenti con efficacia, saper ascoltare e saper domandare; distinguere tra ciò che qualcuno fa o dice e le tue razioni o i tuoi giudizi al riguardo; esporre il proprio punto di vista invece di incolpare gli altri.

ESSERE EMPATICI	Comprendere i sentimenti e le preoccupazioni degli altri e assumere il loro punto di vista; apprezzare i diversi modi con cui le persone guardano la realtà.
ESSERE APERTI	Apprezzare l'apertura e costruire la fiducia in un rapporto; sapere quando si può parlare dei propri sentimenti privati senza correre rischi.
ESSERE PERSPICACI	Identificare modelli tipici nella propria vita emotiva e nelle proprie reazioni; riconoscere modelli simili negli altri.
AUTOACCETTARSI	Sentirsi orgoglioso e considerarsi in una luce positiva; riconoscere i propri punti forti e le proprie debolezze; essere capaci di ridere di se stessi.
ESSERE PERSONALMENTE RESPONSABILI	Assumersi le responsabilità; riconoscere le conseguenze delle proprie decisioni e azioni; accettare i propri sentimenti e umori; portare a compimento gli impegni assunti.
ESSERE SICURI DI SÉ	Affermare i propri interessi e sentimenti senza rabbia o passività.
SAPER ENTRARE NELLA DINAMICA DI GRUPPO	Saper collaborare; sapere quando e come comandare e quando e come eseguire.

<table>
<tr><td>

SAPER RISOLVERE I
CONFLITTI

</td><td>

Saper affrontare lealmente gli altri ragazzi, i genitori, gli insegnanti; saper negoziare i compromessi in maniera che ambe le parti restino soddisfatte.

</td></tr>
</table>

Alla luce di questo progetto curriculare proposto dai ricercatori Karen F. Stone e Harold Q. Dillehunt si presenta per tutti gli operatori educativi un lavoro decisamente difficile che dovrà coinvolgere tutti coloro che si prenderanno cura dei ragazzi.

Sembra opportuno suggerire che il metodo di lavoro dovrebbe essere quello collegiale per individuare meglio le strategie e le offerte culturali più adatte al raggiungimento degli obiettivi formativi e comportamentali indicati.

Sapendo che ogni insegnante esercita una forte azione di influenza sui ragazzi è fondamentale curare le modalità relazionali degli adulti con i loro ragazzi nella consapevolezza che il rapporto di fiducia e di stima reciproco è la precondizione di ogni successo.

Nomenclatura
di alcune emozioni

- allegria
- amore
- ansia
- angoscia
- apatia
- appagamento
- autocommiserazione
- brama di vendetta
- calma
- compassione
- comprensione
- compiacimento
- conforto
- confusione
- contentezza
- coraggio
- curiosità
- delusione
- desiderio
- diletto
- disgusto
- disperazione
- disprezzo
- empatia
- esasperazione
- estasi
- euforia
- fame
- felicità
- fiducia in sé stessi

- frustrazione
- furore
- gelosia
- gioia
- gratitudine
- imbarazzo
- impazienza
- incertezza
- indignazione
- invidia
- irritazione
- istinto materno
- lutto
- malinconia
- meraviglia
- noia
- nostalgia
- odio
- orgoglio
- panico
- paranoia
- paura
- perversione
- pietà
- preoccupazione
- rabbia
- riluttanza
- rimorso
- rimpianto
- rimprovero
- risentimento
- rivalità senso di colpa
- sgomento
- shock
- soddisfazione
- solitudine
- sollievo
- sorpresa
- sospetto
- spensieratezza
- speranza
- terrore
- timore
- trionfo

- tristezza

- umiltà

- umiliazione

- vergogna

- vulnerabilità

BIBLIOGRAFIA

Weiner Elkind, *Lo sviluppo umano*, Armando Editore;

Robert Biehler, *Psicologia applicata all'insegnamento*, Zanichelli;

Sergio Hessen, *I fondamenti filosofici della pedagogia*, Armando Editore;

Ottaway, *Educazione e Società*, Armando Editore;

Maslow, *Motivazione e personalità*, Armando Editore;

Renè Hubert, *Trattato di pedagogia*, Armando Editore;

Joseè Antonio Jauregui, *Cervello ed emozioni*, Pratiche Editrice;

Tiffany Watt Smith, *Atlante delle Emozioni umane*, La Repubblica Mind;

Daniel Goleman, *Intelligenza Emotiva*, Bur Saggi.

Sommario